区域性幼儿园游戏化课程设计研究

张家琼　赖天利　　主　编

王善安　雷　静　何明蓉　副主编

科学出版社

北　京

内 容 简 介

本书从健康领域、社会领域、科学领域和艺术领域四个方面对幼儿园户外的游戏化课程进行了研究，并在深入实践的基础上，对各领域的游戏化课程方案进行了完善。本书一定程度上拓展了幼儿园游戏化课程研究的广度和深度，另一方面也为幼儿园一线教师开展幼儿园户外游戏化课程提供了大量的实践案例，有利于提升幼儿园户外游戏化课程的质量和幼儿教师的专业化水平。

本书可作为高校学前教育专业教师、学生及幼儿园教师的参考用书。

图书在版编目（CIP）数据

区域性幼儿园游戏化课程设计研究/张家琼，赖天利主编. —北京：科学出版社，2018.12

ISBN 978-7-03-058717-6

Ⅰ. ①区… Ⅱ. ①张… ②赖… Ⅲ. ①游戏课－课程设计－学前教育 Ⅳ. ① G613.7

中国版本图书馆CIP数据核字（2018）第 206346 号

责任编辑：王 彦 张云静 / 责任校对：王万红
责任印制：吕春珉 / 设计制作：东方人华平面设计部

科 学 出 版 社 出版

北京东黄城根北街16号
邮政编码：100717
http://www.sciencep.com

北京中科印刷有限公司印刷

科学出版社发行 各地新华书店经销

*

2018 年 12 月第 一 版 开本：787×1092 1/16
2018 年 12 月第一次印刷 印张：9
字数：205 000

定价：80.00 元

（如有印装质量问题，我社负责调换〈中科〉）

销售部电话 010-62136230 编辑部电话 010-62130750

前 言

　　幼儿园应该是什么样子，应该创设什么样的环境来支持幼儿的发展，应该投放什么样的材料来完成教育目标，应该怎么处理"玩"与"学"的关系，对这些问题的思考一直是幼儿教育理论研究者和实践引导者高度关注的问题，是一线幼儿教师一直在思考的问题，同时也是做好幼儿教育研究、理论指导实践的核心问题。

　　"课程游戏化"和"游戏课程化"是两个具有不同内涵和外延的概念，理清两者之间的关系，才能在幼儿教育过程中积极发挥"玩中学"和"学中玩"的价值。"课程游戏化"着力于课程，着眼于游戏，强调通过游戏的方式来推进课程，体现"游戏是儿童的基本活动"思想。"游戏课程化"着力于游戏，着眼于课程，强调通过课程的方式来玩游戏，体现"游戏是有准备的活动"思想。无论是课程还是游戏，"玩中学""学中玩"永远是幼儿教育的主旋律。

　　当前，有关幼儿园游戏化课程的相关著作很多，它们各具特色，自成体系。但这些著作也同样存在一些问题，比如同质化程度较高，很多同类书籍只呈现游戏化课程的案例，缺乏理论方面的探讨和分析，在促进幼儿教师专业化成长方面，有所欠缺。很多同类书籍呈现的游戏化课程方案的内容比较笼统，缺乏细致的分类，造成书中的游戏化课程方案不能系统地开展和推广。为此，我们编写了这本书，意在使这类教材的内容更具实用性和科学性，同时也可以将其作为幼儿园课程相关教材的有效补充。

　　本书是重庆第二师范学院学前教育学院与重庆市大渡口区教育委员会横向科研课题"区域性幼儿园游戏化课程研究"的阶段性成果之一。项目的顶层设计思路及板块构思设计由学前教育学院张家琼教授和大渡口幼儿园赖天利园长联合设计，各自组团以院（高校学院）园（幼儿园）联动方式完成，达成高校教师理论导引下的实践案例支持和园所教师实践环节的理论提炼支持的双赢效果。参与人员包括重庆第二师范学院学前教育学院的教师（王善安博士、姜利琼副教授、李丹博士、刘小红博士、李雪副教授、雷静博士、胡秋梦老师、汪娟老师）与项目合作方大渡口区学前教育发展指导中心工作组（张英、周昌碧、范晓丽、陈琼、叶礼娜、杨霞、邓敏、冯欢、李德红、胡晓），以及项目试点园（大渡口幼儿园、大渡口区东海幼儿园、重庆市钢城实验学校附属幼儿园、大渡口区博雅香港城幼儿园、大渡口区蓝天齐爱幼儿园、大渡口区哆来咪幼儿园、大渡口区清华教鸿幼儿园、耀星第一幼儿园）三类团队。

　　本书从健康领域、社会领域、科学领域和艺术领域四个方面对幼儿园户外的游戏化课程进行了研究，并在深入实践的基础上，对各领域的游戏化课程方案进行了完善。本书一定程度上拓展了幼儿园游戏化课程研究的广度和深度，另一方面也为幼儿园一线教师开展幼儿园户外游戏化课程提供了大量的实践案例，有利于提升幼儿园户外游戏化课程的质量和幼儿教师的专业化水平。

　　本书在编写、出版过程中，自始至终得到了编写组成员所在单位的大力支持，尤其要感谢大渡口区教育委员会副主任沈维安、科学出版社王彦编辑的热情关心与大力支持，在此表示诚挚的谢意。

　　本书为一线幼儿园教师所设计，同时也适用于中高职、本科学前教育专业的学生。尽管我们力求全面地呈现幼儿园户外游戏化课程理论及实践的各个方面，但鉴于水平及分析、处理问题的视角局限，书中肯定不乏错误与疏漏，敬请广大读者原宥。

项目组

2018 年 3 月 1 日

目 录
CONTENTS

板块一 "健康" + 游戏化课程

　　健康包括身体和心理两个方面，是一种在身体上和精神上的完美状态及良好的适应能力。幼儿阶段是儿童身体发育和机能发展极为迅速的时期，也是形成安全感和乐观态度的重要阶段。发育良好的身体、愉快的情绪、强健的体魄、协调的动作、良好的生活习惯和基本生活能力是幼儿身心健康的重要标志，也是其他领域学习与发展的基础。

　　游戏化课程方案的设计首先应坚持以提高幼儿身体素质为导向，有目的地选择和组织体育活动。身体素质是指人体活动的一种能力。它是人体在运动、劳动和生活中所表现出来的力量、速度、耐力、灵敏度、柔韧性等能力。幼儿应开展以基本动作为主的体育活动。幼儿基本动作的练习主要指走、跑、跳、爬、投掷、钻、平衡和攀登等。

　　以往传统的幼儿体育活动强调了动作联系，忽视了幼儿游戏的天性；过于强调体育技能的提高，忽视了幼儿愉悦情感的满足；强调了幼儿模仿性学习，忽视了幼儿的自主体验；强调了教师的主导性，忽视了幼儿的自主性。游戏化课程的健康领域活动应强调幼儿情感、社会性以及创造性发展的状况。让幼儿不断地获得"愉快"的体验，这种愉快是深层次的心理快乐和成功感。

　　在具体的设计过程中还应注意不同班级幼儿园的特点。小班幼儿重在走、跑以及手脚协调能力、身体平衡能力、呼吸机能方面的发展；中班幼儿重在变速跑、双脚跳、上下爬以及协调能力、运动节奏感、心肺机能方面的发展；大班幼儿重在单脚跨跳、投掷、翻越以及速度、灵敏度、力量方面的发展。因此，在安排各年龄班基本动作练习内容和要求时，教师应依据不同年龄幼儿的生理机能、运动能力，在全面练习基本动作的同时，针对不同年龄班的重点动作开展活动。

活动一 神奇的袋圈

园所：东海幼儿园　班级：大班　实施教师：刘翠　指导教师：胡秋梦

活动名称：神奇的袋圈

活动准备：

1. 物品准备：袋圈 6 个。
2. 经验准备：有过玩袋圈的经验。
3. 场地准备：大型户外场地。
4. 人员准备：2 位教师，1 位保育员。

所属板块：户外运动课程

活动目标：

1. 使幼儿探索和掌握袋圈的多种玩法。
2. 使幼儿熟悉钻、跑、跳、躲、套等动作技能，锻炼身体的灵敏性和协调性。
3. 使幼儿喜欢并大胆参与玩袋圈的活动，乐意与同伴合作。

活动过程

玩法一：钻圈

1. 6 名幼儿分成两组，每组 3 名。
2. 两组一起参加钻圈游戏比赛。
3. 每名幼儿手持袋圈从下往上钻。
4. 用时最少组获胜。

规则：听口令开始，不能抢先钻。要从下往上钻袋圈。

观察：
幼儿钻的方法容易出错。
支持：
教师引导幼儿钻袋圈时沉着冷静，不慌张，并指导正确的方法。

玩法二：快乐渔夫

1. 6 名幼儿站在一个大圆圈内。
2. 任选一名幼儿扮作渔夫手持袋圈。
3. 其余幼儿扮作小鱼。
4. 渔夫手持袋圈开始套小鱼游戏。

规则： 渔夫套鱼时，其他幼儿只能在圈内跑，不能跑出圈外。被套住的幼儿为输，交换角色扮渔夫。

观察：

幼儿在躲闪时容易被撞到。

支持：

教师指导幼儿学会保护自己的方法，如及时抱头、蹲下等。

玩法三：套小球

1. 6 名幼儿分成两组，每组 3 名。
2. 两组幼儿同时站在一条直线上。
3. 手持袋圈站在距离小皮球所在的直线约 3 米处。
4. 幼儿持袋圈套小皮球。
5. 每组套中球多者为胜。

规则： 套圈时必须站在离小皮球约 3 米的直线处，否则套中也无效。

观察：

幼儿套球技能掌握不够准确，套不中。

支持：

教师指导幼儿正确套球方法，如手脚并用、看准目标。

玩法四：跳圈

1. 6 名幼儿分成两组，每组 3 名。
2. 每组幼儿钻进袋圈。
3. 手持袋圈上面的一端站在起跑线处。
4. 每组一名幼儿从起点跳向终点。
5. 再从终点折回起点。
6. 接着下一名幼儿开始跳。
7. 用时最少组获胜。

规则：必须等着前一名幼儿回到起点后，下一名幼儿才开始跳。

观察：
个别幼儿在手持袋圈时，放置袋圈的位置和高度不对，出现绊倒现象。

支持：
教师指导幼儿将袋圈放到合适的位置处，跳时找稳重心。

活动评价与反思：

　　袋圈是由呼啦圈和布缝合而成，材料普通，制作简单方便。袋圈的玩法很多，很受幼儿欢迎。本次活动"神奇的袋圈"通过教师的物质支持、环境支持以及精神支持，幼儿能够开动脑筋，想出许多的玩法。在玩袋圈的过程中幼儿玩出了钻圈、快乐渔夫、套小球、跳圈等多样、有趣的游戏；幼儿在多样的游戏过程中培养身体的灵敏性和协调性；发展幼儿躲闪能力和身体反应力；促进幼儿大肢体运动发展和腿部力量。

活动二　玩 转 轮 胎

园所：东海幼儿园　班级：大班　实施教师：刘翠　指导教师：胡秋梦

活动名称： 玩转轮胎

活动准备：

1. 物品准备：轮胎 10 个。
2. 经验准备：有过玩轮胎的经验。
3. 场地准备：大型户外场地。
4. 人员准备：2 位教师，1 位保育员。

所属板块： 户外运动课程

活动目标：

1. 使幼儿探索和掌握轮胎的多种玩法。
2. 使幼儿熟悉钻、跳、滚等动作，锻炼身体的协调性和平衡能力。
3. 使幼儿喜欢并大胆参与玩轮胎的比赛，乐意与同伴合作。

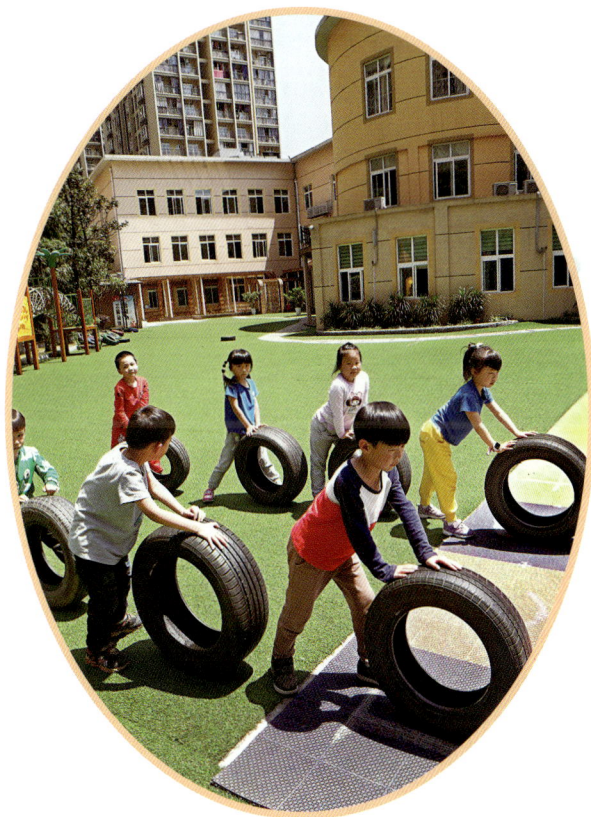

活动过程

玩法一：滚轮胎接力

1. 10 名幼儿分成两组，每组 5 名。
2. 两组幼儿一起参加滚轮胎比赛。
3. 幼儿依次滚轮胎。
4. 用时最少组获胜。

规则：轮胎要挨地滚，不能倒下，倒下则重新扶好再滚。

观察：

幼儿的轮胎立起来滚时容易滑落、倒下。

支持：

教师指导幼儿滚轮胎的技巧。

玩法二：跳轮胎

1. 10 名幼儿分成两组，每组 5 名。
2. 将轮胎摆放为两个、单个轮胎交替向前的形状。
3. 每组幼儿从起点分腿、并腿交替着跳过轮胎。
4. 给每组幼儿计时，用时最少组获胜。

规则： 分腿跳过两个轮胎，并腿跳过单个轮胎，违规者回到起点重新跳。

观察：
幼儿在起跳时，容易被绊倒。
支持：
指导幼儿正确的起跳方法，摆开双臂，膝盖弯曲等。

玩法三：钻轮胎

1. 把 10 名幼儿分成两组，每组 5 名。
2. 每组幼儿把 5 个轮胎叠在一起。
3. 把叠起来的轮胎做成一个"隧道"。
4. 一头一尾各一名幼儿负责扶好轮胎。
5. 其余 3 名幼儿依次钻过，最快组为胜。

规则： 轮胎不能倒地，如果倒地则扶好后重新开始。

观察：
幼儿进洞后钻爬不出来，时间花费很多。
支持：
教师指导幼儿钻爬技巧。手脚协调，脚用力向后蹬。

玩法四：轮胎大战

1. 把 10 名幼儿分成两组，每组 5 名。
2. 每名幼儿身上套上轮胎。
3. 两名幼儿套上轮胎后中间系一根绳子。
4. 各自往反方向走，比比哪组的幼儿力气大。

规则： 听口令开始走，违规者为输。

> **观察：**
> 两名幼儿在比力气时，其中一名常被摔倒。
>
> **支持：**
> 教师指导幼儿扶轮胎方法，找到立稳重心。

活动评价与反思：

　　幼儿园教学活动的材料应来源于生活，体育活动中的器材也应如此。废旧轮胎是日常生活中经常可见的物品，幼儿们很喜欢玩轮胎。通过教师的物质支持、环境支持，幼儿能够开动脑筋，玩出许多玩法。在玩轮胎的过程中，孩子们玩出了滚轮胎、跳轮胎、钻轮胎、轮胎大战等多样、有趣的玩法；同时，孩子们在亦学亦玩的过程中，在手、眼、腿协调，与同伴合作能力方面上都收获了许多，特别是大肢体运动的发展，锻炼了孩子们的力量。教师可以鼓励幼儿发挥想象力，与幼儿一起探讨更多的创造性玩法。这充分贯彻了《3—6 岁儿童学习与发展指南》所提的精神：要充分利用各种自然物、废旧材料和常见物品开展活动。

活动三　滚　坦　克

园所：博雅香港城幼儿园　班级：大班　实施教师：杨懿　指导教师：姜利琼

活动名称：滚坦克

活动准备：

1. 材料准备：乌龟爬（用纸盒做成的履带）。

2. 经验准备：幼儿有平稳地站立行走、爬、滚的经验。

3. 场地准备：操场。

4. 人员准备：2 位教师，1 位保育员。

所属板块：户外体育

活动目标：

1. 使幼儿学会各种爬、走、滚的姿势。

2. 使幼儿能在障碍物体上平稳地爬、走、滚。

3. 使幼儿能相互交流讨论纸箱的各种玩法，树立合作意识。

活动过程

玩法一：乌龟爬

1. 幼儿自主选择同伴与材料。

2. 幼儿自主探索如何乌龟爬。

3. 师幼共同探讨、实践乌龟爬。

4. 开展乌龟爬接力赛。

规则：

1. 以两名幼儿为一组，一前一后，前面的幼儿用手顶住乌龟爬向前行走，后面的幼儿也用手顶住配合前面幼儿的脚步向前行走。

2. 当行走到终点时，另两名幼儿进行接力，完成乌龟爬接力赛。

观察：

幼儿站在乌龟爬里面，快速地向前移动时幼儿会脱离乌龟爬。

支持：

教师与幼儿共同讨论与实践，得出两者必须保持同样的速度，才能同时顺利向前行进。

玩法二：大力士

1. 幼儿自主选择同伴与材料。
2. 幼儿自主探索如何做一名大力士。
3. 师幼共同探讨、实践如何更好地做一名大力士。

规则：

1. 以两名幼儿为一组，一前一后呈纵向线形排列。
2. 两名幼儿同时用手托举乌龟爬，行走速度保持一致。

观察：
幼儿在举乌龟爬向前时，容易两人相撞。

支持：
教师与幼儿共同讨论并加以实践解决。

玩法三：坦克带

1. 幼儿自主选择同伴与材料。
2. 幼儿自主探索滚动坦克带。
3. 师幼共同探讨、实践如何更好地滚动坦克带。

规则：

1. 以两名幼儿为一组，一前一后首尾相连呈纵向线性排列。
2. 两名幼儿同时双膝着地呈匍匐姿势，用背支撑乌龟爬向前行走。

观察：
幼儿在乌龟爬里爬行时会偏离路线，越爬越歪。

支持：
经过幼儿反复观察与实验，得出排在前面的人要有较强的方向意识，带着第二个人向前移动。

玩法四：饺子

1. 幼儿自主选择同伴与材料。

2. 幼儿自主探索翻滚饺子。

3. 师幼共同探讨、实践如何更好地翻滚饺子。

规则：

1. 以两名幼儿为一组，一前一后横向线性排列。

2. 两名幼儿在乌龟爬内同时趴下，步调一致向前翻滚。

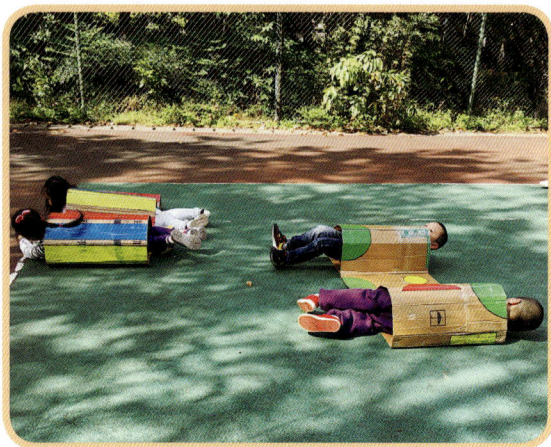

观察：

幼儿在乌龟爬里滚动时会偏离路线，越滚越歪。

支持：

经过教师与幼儿共同反复地观察与实验，得出两个人要同时朝一个方向运动才能防止路线越滚越歪。

玩法五：拉黄包车

1. 幼儿自主选择同伴与材料。

2. 幼儿自主探索如何拉动黄包车。

3. 师幼共同探讨、实践如何拉动黄包车。

规则：

1. 以两名幼儿为一组，一名幼儿扮演车夫，一名幼儿扮演乘客。

2. 乘客背对着车夫坐在乌龟爬上，车夫背对着乘客拉着乌龟爬向前行进。

观察：

坐在后面的幼儿很容易掉到乌龟爬以外。

支持：

教师引导幼儿反复观察与实践如何才能更稳地坐在后面，得出应该双手紧紧抓住乌龟爬的边缘。

活动评价与反思：

从认知发展看，幼儿的爬行需要大脑、小脑之间的密切配合，多爬能够丰富大脑、小脑之间的神经联系，促进脑的生长。因此，学习爬行其实就是对脑神经系统功能的一次强化训练，对于脑的发育具有不可替代的特殊作用。从生理发展来看，爬行时，头颈仰起，胸腹抬高，靠四肢交替轮流抬起，协调地使肢体负重，锻炼了胸腹、腰背、四肢等全身大肌肉活动的力量，尤其是四肢活动的协调性和灵活性。因此，爬行是一种综合性的强身健体活动。此次活动利用幼儿园常见的废旧纸箱和纸盒等玩具材料，引导幼儿在玩"乌龟爬"的过程中锻炼幼儿的身体，提高幼儿玩的兴趣及环保意识，从而激发幼儿的创造能力。在活动环节中，有个别幼儿容易脱离乌龟爬，教师引导爬、走、滚能力发展较好的幼儿加以示范，让个别幼儿在观察中学习，有效发挥了同伴的榜样作用。

活动四 钻 爬 跨

园所：博雅香港城幼儿园　班级：大班　实施教师：杨懿　指导教师：胡秋梦

活动名称：钻爬跨

活动准备：

1. 材料准备：大小不一的纸箱、乌龟爬（用纸盒做成的履带）。

2. 经验准备：有跨跳的经验。

3. 场地准备：户外大操场。

4. 人员准备：2位教师、1位保育员。

所属板块：户外体育

活动目标：

1. 使幼儿学习钻、爬、跨的正确姿势。

2. 使幼儿能在间隔物体上平稳地钻、爬、跨。

3. 使幼儿能利用纸箱设计创造性的玩法。

活动过程

玩法一：钻山洞

1. 幼儿自主选择材料搭建山洞。

2. 幼儿自主玩钻爬游戏。

规则：

1. 先将大小相似的纸箱相距一定距离横向摆放，再将纸箱制作的履带横放在纸箱上搭建山洞。

2. 幼儿排成一列蹲下，用钻、爬、匍匐的方式向前移动，且身体不得触碰"山洞"。

观察：

幼儿钻山洞时头容易触碰到"山壁"。

支持：

教师与幼儿共同讨论，得出手抱着腿，头与腿之间的距离缩进则不易触碰到"山壁"，并进行尝试。

玩法二：爬爬乐

1. 爬爬乐——横向爬。
2. 爬爬乐——纵向爬。

规则：

1. 横向爬：幼儿排一纵列，趴下身体，将手脚放在纸箱两侧，侧身爬。
2. 纵向爬：幼儿排成一纵列，趴下身体，将手脚放在纸箱两侧，首尾相连，从纸箱的一端爬向另一端。

观察：

有幼儿提出在横向爬的时候动作会很慢。

支持：

教师与幼儿共同尝试如何横向爬才能更快，经过多次不同尝试总结出，横向爬时手脚的动作要一致，且排在前面的小朋友动作要快，后面的人才不会被堵住。

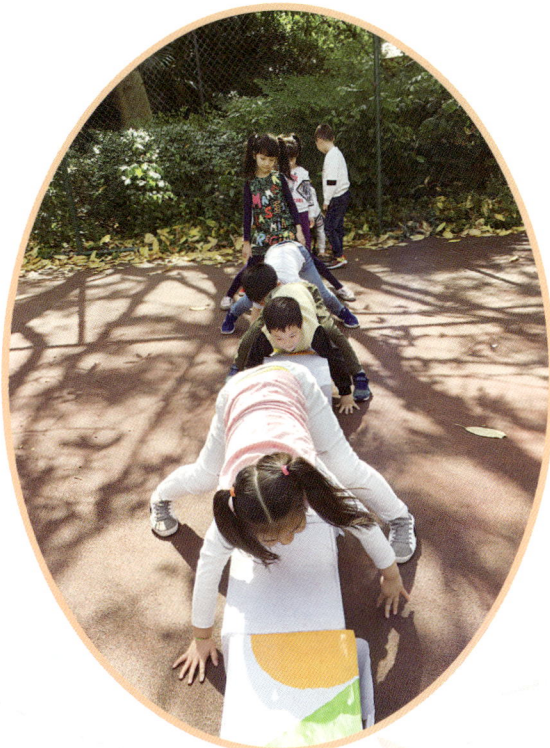

玩法三：小马过河

1. 幼儿自主创建小马过河的情境。
2. 幼儿自主进行小马过河的游戏。

规则：

1. 幼儿自主将大小不一的纸箱叠起来创设小马过河的情境。
2. 用跨跑的形式过河，即通过助跑在纸箱前一只脚用力蹬，另一条腿跨过纸箱。

观察：
幼儿在跨纸箱时容易踢到纸箱。

支持：
教师与幼儿共同讨论，认为跨跳的动作不对，通过反复的尝试与练习，幼儿掌握了正确的跨跳动作，终于能顺利完成跨跳。

活动评价与反思：

首先，本次活动让幼儿自主选择材料创建游戏情景，自由进行"钻、爬、跨"等活动。由于注重幼儿的自主能动性，幼儿能主动创造游戏的多样性玩法。

其次，面对游戏过程中幼儿出现的问题，教师并没有简单阐述如何解决，而是让幼儿与同伴、老师共同商量如何解决，使幼儿学会如何与人沟通而解决问题。

最后，在横向爬和纵向爬的过程中，大部分幼儿能体验游戏的快乐，非常积极参与并能达成活动目标。但也有个别幼儿因前期经验不足难以达成预期目标，从幼儿跨跳能力的最近发展区入手，层层递进，使幼儿达到最终目标。

活动五 跨越跳高

园所：博雅香港城幼儿园　班级：大班　实施教师：晏春　指导教师：王善安

活动名称：跨越跳高

活动准备：

1. 材料准备：麻花辫（将旧布料剪成布条编成麻花辫）。
2. 经验准备：基本跳的能力。
3. 场地准备：户外活动场地。
4. 人员准备：2 位教师，1 位保育员。

所属板块：户外体育

活动目标：

1. 使幼儿能较熟练地掌握双脚向上跳及跨越式跳高的动作要领。
2. 发展幼儿的跳跃能力和身体灵敏、协调的能力。
3. 培养幼儿的合作能力及克服困难、挑战新目标的优良品质。

活动过程

玩法一：学小蚱蜢跳高

1. 教师引导幼儿自主探索尝试学小蚱蜢跳高。
2. 教师示范如何正确学小蚱蜢跳高。
3. 分组练习小蚱蜢跳高。

规则：

1. 两名幼儿分别在两头拉直一根麻花辫，放置适当的高度，其他幼儿先助跑再以双脚并跳过麻花辫，然后轮流交换。
2. 麻花辫放置的高度应随着幼儿练习的熟练度而有所上升。

观察 1：
幼儿双脚并拢向前跳时，幼儿跳得不够高，很容易踩倒。

支持 1：
教师引导幼儿学会判断高度，掌握正确的跳高方法。

观察 2：
幼儿在两边拉直麻花辫时一个高一个低，学小蚱蜢跳的幼儿就会容易碰到麻花辫。

支持 2：
教师强调拉直麻花辫的两位幼儿在其他幼儿跳高时需要保持平衡不动，可以采用游戏或口令的形式。

玩法二：学小马跨跳

1. 幼儿自主尝试学小马跨跳。
2. 教师示范如何正确学小马跨跳。
3. 分组练习小马跨跳。

规则：

1. 两名幼儿分别在两头拉直一根麻花辫放在腰间，其他幼儿先助跑再一只脚用力蹬，另一只脚向上跨跳过麻花辫。
2. 麻花辫放置的高度应随着幼儿练习的熟练度而有所上升。

观察：
有的幼儿在跨跳之前不平衡，容易摔倒。

支持：
教师引导幼儿掌握跨跳前的平衡及跨跳高度的判断。

活动评价与反思：

　　大班幼儿机体各方面发展日趋完善，此时正处于下肢大肌肉群发育和成熟的时期。适宜的下肢运动练习会帮助幼儿提高腿部的肌肉力量，并满足幼儿身体发展的运动需要。具有一定挑战性的跨跳活动符合大班幼儿的年龄特点和身体发展规律，对于发展幼儿体能，增强幼儿体质以及培养幼儿的自信心起到很好的促进作用。"助跑跨跳"是幼儿园大班体育基本动作训练之一。以往我们都是通过示范、讲解和练习的方式教幼儿学习，幼儿既不了解学习的意义，又对单调的练习不感兴趣，所以很难达到好的学习效果。此次活动通过创设各种游戏情境，让幼儿在游戏中练习跨跳，增加了活动的乐趣，取得了良好的效果。

活动六 灌篮小能手

园所：耀星第一幼儿园　班级：大一班　实施教师：彭泽敏　指导教师：李丹

活动名称：灌篮小能手

活动准备：

1. 场地准备：有跑道的运动区。
2. 物品准备：皮球、呼啦圈。

所属板块：运动课程

活动目标：

1. 幼儿能相隔一定距离进行瞄准投掷，发展幼儿手眼协调能力。
2. 激发幼儿探索器械玩法的欲望，体验器械相结合的乐趣。

活动过程

玩法一：篮球队员预热

1. 音乐响起时，幼儿散开，自由探索器械的多种玩法。
2. 当音乐停止时，幼儿原地站好，观察、学习他人的玩法。

观察：
幼儿拿到器械总是将两种器械分开玩。

支持：
教师调动幼儿已有经验，幼儿已玩过这种多种器械结合的游戏，所以只需提示，幼儿的创造性就会完全发挥出来。

玩法二：定点投篮

1. 将幼儿分为两组，一组拿呼啦圈一组拿皮球。
2. 拿呼啦圈幼儿用双手将圈固定在头部前方。
3. 拿皮球幼儿双手抱球站在指定位置，听见口令后将皮球投进呼啦圈。

观察：

个别幼儿没有遵守游戏规则，比如幼儿投篮时，拿"篮筐"的幼儿喜欢在同伴投篮时动自己的"篮筐"。

支持：

教师帮助加深幼儿对规则的理解，并告知后面活动会增加难度。

玩法三：移动投篮

1. 将幼儿分为两组，一组拿呼啦圈一组拿皮球。
2. 拿呼啦圈幼儿用双手将圈固定在头部前方。
3. 两组相隔一定距离面对面站一排，听见口令后两组同时在直线上左右移动。
4. 拿球幼儿投进呼啦圈就为胜利。

观察：

幼儿长时间没有投进容易气馁。

支持：

对能力较弱的幼儿适当降低难度。

活动评价与反思：

　　"投掷"不仅是幼儿日常生活中非常实用的基本动作技能，而且具有较高的锻炼价值。学前儿童通过多种形式的投掷活动，可以增强上肢、腰、背等部肌肉的力量，锻炼上肢部位的各个关节，提高幼儿的柔韧性，促进动作的准确性、协调性以及视觉运动能力的发展。设计符合幼儿年龄特点，深受幼儿喜爱的投掷游戏，是促进幼儿投掷能力发展的重要途径。这个活动将呼啦圈与皮球结合起来，增加了活动的趣味性，使幼儿在游戏的乐趣中提高了投掷能力。此外，教师作为体育游戏的组织者、指导者，其指导策略对幼儿游戏兴趣起着重要的作用。教师游戏化的指导语、积极的肢体语言能激发幼儿的运动动机，使幼儿在愉快的游戏过程中发展动作，培养良好的心理素质。

活动七　小动物捉迷藏

园所：耀星第一幼儿园　班级：大一班　实施教师：彭泽敏　指导教师：李丹

活动名称： 小动物捉迷藏

活动准备：

1. 场地准备：运动区。
2. 物品准备：轮胎、软垫、呼啦圈、娃娃。

所属板块： 运动课程

活动目标：

1. 使幼儿尝试快速、连续侧滚，在滚的过程中注意控制身体的方向。
2. 培养幼儿乐于参与集体游戏，有短暂等待的意识。

活动过程

玩法一： 变身皮球滚滚

1. 幼儿在起点处准备，听见口令后双手托住后脑勺仰卧，向侧面翻滚。
2. 必须在垫子上进行翻滚。

观察：
侧滚对于个别幼儿较简单。
支持：
制定两条线路让幼儿自主选择。

玩法二：翻越高山

幼儿利用手脚保持平衡逐渐通过轮胎搭的小山。

规则： 如在过程中幼儿将轮胎碰倒或自己掉下小山需从头再来。

观察：
个别幼儿在开始游戏时，会有恐惧。

支持：
教师挑选勇敢的小朋友先做示范，然后鼓励有恐惧心理的小朋友慢慢地增加游戏难度。

玩法三：过小河

1. 将呼啦圈相隔一定距离摆放在"小河"中当过河的工具。
2. 幼儿单脚跳进呼啦圈通过小河。

规则： 在游戏中幼儿摆动脚落地或没有跳进呼啦圈需从头再来。

观察：
幼儿容易坚持不住，摆动脚会落地。

支持：
引导幼儿合理利用规则，比如脚撑不住时，可以放在另一只脚上休息。

玩法四：小动物在哪

1. 幼儿到达"大森林"（滑滑梯）寻找被藏起来的小动物。
2. 在寻找过程中幼儿不能发出声音。
3. 找到一只小动物后迅速返回队伍，下一名幼儿立刻开始出发寻找小动物。

观察：

幼儿为了减少脚步噪声，导致速度慢。

支持：

教师引导幼儿思考平时怎么走或跑声音比较小（比如踮起脚尖走声音会比较小）。

活动评价与反思：

　　翻滚是幼儿内在定性和身体灵活性的基础训练，健体强身。幼儿在迅速滚动中生静，静中生慧，同时为未来的体育（武术、剑道等）训练打下深厚的基础。儿童的特性是活泼好动，闲不住，如果做站桩和静坐儿童都定不住，翻滚可以很好地解决这个问题。在翻滚中不断增强体能，在玩中挑战自我升级。此活动结合了软垫、轮胎和呼啦圈等幼儿园常见的体育材料，同时锻炼了幼儿的翻滚、攀爬和定向跳跃等基本动作。在具体的游戏中，教师考虑到了幼儿自身的差异性，增加了游戏难度的层次，提高了游戏的挑战性，从而维持了幼儿的游戏乐趣。

活动八　我是小小兵

园所：东海幼儿园　班级：果一班　实施教师：刘翠　指导教师：汪娟

活动名称： 我是小小兵

活动准备：

1. 物品准备：篮球 16 个、军帽 16 个、椅子 20 张、坐标 8 个、大白线 2 根、球筐 2 个、活动音乐等。
2. 经验准备：小兵角色扮演。
3. 场地准备：大型户外场地。
4. 人员准备：2 位教师，1 位保育员。

所属板块：户外运动课程

活动目标：

1. 引导幼儿探索多种身体躲闪的方法，锻炼幼儿身体躲避的反应力和灵敏性。
2. 使幼儿听懂游戏规则并遵守游戏规则。
3. 使幼儿体验与同伴共同完成闯关游戏的快乐。

活动过程

玩法一：躲"炸弹"

1. 教师将篮球施魔法，变成一颗大"炸弹"。

2. 幼儿站在圆圈内，教师手持"炸弹"丢向幼儿，幼儿要躲避"炸弹"的追击且不能跑出圈外，被"炸"到闯关不成功。

3. 尝试利用躲闪方法来保护自己，成功躲避"炸弹"，并获得闯关成功。

观察:

幼儿看到"炸弹"来时,不知道躲闪。

支持:

对幼儿详细讲解游戏规则,讨论躲闪"炸弹"的具体方法:

1. 仔细观察"炸弹"来的方向,做好躲闪的准备。

2. 可以蹲下躲避。

3. 可以左右移动身体。

4. 可以跳跃等。

玩法二：穿越独木桥

1. 幼儿依次走独木桥。

2. 在独木桥的两边,潜伏着"敌人"。

3. "敌人"随时会丢来连环"炸弹"。

4. 幼儿必须想方法保护自己不被"炸弹"炸到。

5. 幼儿的脚不能离开桥面,顺利地从起点到终点视为胜利。

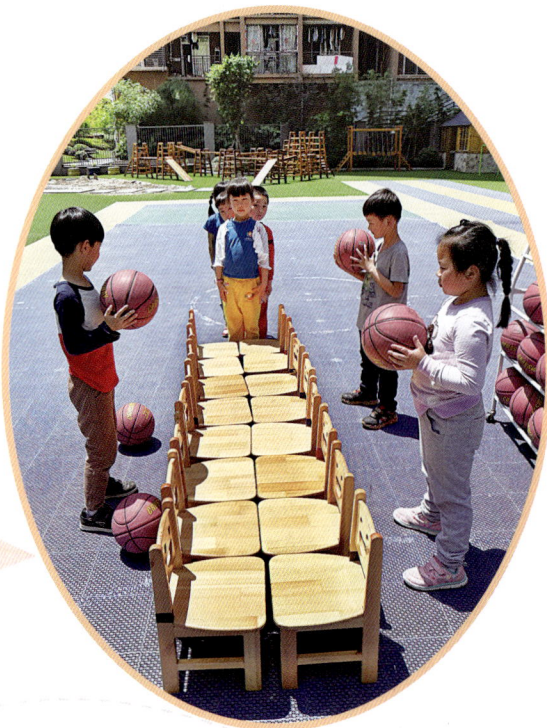

观察1:

幼儿一边行走,一边大声吼叫。

支持1:

教师创设情境引导幼儿遵守规则:谁大声吼叫,敌人听到就最先发现他。

观察2:

部分幼儿在行进过程中喜欢推搡走在前面的幼儿,秩序混乱。

支持2:

教师和幼儿讨论用什么方法既让自己过桥过得快,又能保护自己不受伤。如:双手抱头、膝盖弯曲行走、排队行走。

观察1:

幼儿在奔跑运"炸弹"时,容易发生碰撞。

支持1:

与运"炸弹"的幼儿商量既不和同伴发生碰撞,又能顺利把"炸弹"运回仓库的方法,如:分散跑、找准时机,一个先跑一个后跑等。

观察2:

个别幼儿运"炸弹"时经常被两边来的"炸弹"炸到,没有积累躲避方法。

支持2:

教师引导成功运"炸弹"幼儿分享成功方法,让幼儿相互吸取成功经验,如:注意"炸弹"丢来的方向;找合适机会跑;不挤在一处运;走S形路线运"炸弹"等。

玩法三:穿越封锁线

1. 将幼儿分成男队和女队。

2. 两组分别运"炸弹"和丢"炸弹"。一队幼儿全体站立在起跑线上准备运"炸弹",另一队幼儿去潜伏点做好埋伏。

3. 运"炸弹"幼儿听到指令,迅速向前面跑动,躲避从两侧面滚来的"炸弹",跑向终点将"炸弹"运进仓库。

4. 丢"炸弹"幼儿将"炸弹"扔向运"炸弹"的一组,其中牺牲队友最少、运得最多的一组为胜。游戏角色可互换。

活动评价与反思:

　　大班幼儿喜欢竞争性、挑战性、角色性强的游戏。本次活动,教师根据孩子年龄特点设计"我是小小兵"闯关游戏,教师扮演"队长"角色,幼儿扮演"小小兵"的角色,设计以第一关"躲一个炸弹"→第二关"在独木桥行进时躲4个炸弹"→第三关"穿越封锁线时躲8个炸弹",随着"炸弹"数量越来越多,游戏难度逐渐加深,挑战难度越来越大,喜欢挑战性强的大班孩子在闯关游戏情境中,积极踊跃地参与游戏,不仅体验与同伴共同游戏的快乐,还锻炼身体躲避的反应力和身体的灵敏性;在教师的引导下孩子们从刚开始的"站着不动、不知所措"逐渐探索和总结出多种身体躲闪方法,如:会蹲下躲避、冷静不尖叫、仔细观察"炸弹"飞来方向、移动身体、S形路线行走等;最后孩子在游戏中自觉地遵守游戏规则,建立了良好的规则意识,并体验到游戏的快乐。

活动九　小熊运西瓜

园所：东海幼儿园　　班级：苗苗一班　　实施教师：吕翼星　　指导教师：汪娟

活动名称： 小熊运西瓜

活动准备：

1. 物品准备：小推车 2 辆、担架 2 副、与幼儿人数等量的皮球、篮子 4 个、障碍物。
2. 经验准备：喜欢球类活动。
3. 场地准备：宽敞的场地。
4. 人员准备：2 位教师。

所属板块： 户外球类游戏课程

活动目标：

1. 使幼儿在走、跑的游戏中发展平衡能力和身体协调能力。
2. 使幼儿能听懂并遵守游戏规则。
3. 使幼儿喜欢参加体育活动，体验与同伴共同游戏的快乐。

活动过程

玩法一：创设游戏情境，热身运动

1. 带领孩子听音乐，做小熊起床操。

观察：

幼儿对活动有兴趣，热身活动时，幼儿间的距离太小。

支持：

教师引导幼儿拉开距离，避免相互碰撞。

2. 手拿皮球，上下左右活动身体。

3. 热身结束，将球放回篮子里。

玩法二：运西瓜比赛

1. 将幼儿分成两组，每组一辆小推车。

2. 幼儿每次将一个球放在小推车里，运西瓜。

3. 接力运西瓜，运到终点将车交给下一位幼儿。

4. 哪一组的西瓜先运完就获胜。

观察：

幼儿对用小推车运西瓜很感兴趣，活动刚开始时，不能很好地保持小推车的平衡。

支持：

教师请用小推车运西瓜很顺畅的幼儿分享自己的经验，向其他幼儿展示。

玩法三：合作力量大

1. 将幼儿分成 4 队，用担架运西瓜。

2. 两人一组进行，在运西瓜途中不能将西瓜掉落。

3. 先运到终点的一组获胜。

4. 活动结束，放松整理。

观察：

最开始用担架运西瓜时，两个幼儿的快慢不一致，容易将西瓜掉落。

支持：

活动前，教师请幼儿猜想使用担架的方法并进行尝试，共同讨论出最好的办法。

活动评价与反思：

    幼儿的身体控制和平衡能力是个体维持身体姿势、运动的基本前提。幼儿在环境和运动任务发生变化的情况下及时变换身体姿势，更好地控制身体，保持平衡，是个体运动、生活能力的重要体现。此次活动通过设置"小熊运西瓜"的游戏情境，使得小班幼儿的身体平衡能力和身体协调能力在游戏活动中得到了提高和发展。此外，小班幼儿的团队意识比较薄弱，此活动通过让幼儿两人一组合作运"西瓜"，让幼儿能够循序渐进地感受自己对团队的影响，与同伴合作的能力得到提高。

活动十 踩 脚 印

园所：哆来咪幼儿园　班级：大班　实施教师：向迷、刘洪玮　指导教师：李雪

活动名称：踩脚印

活动准备：

1. 物品准备：硬纸板若干张、纸板上画上小脚印。
2. 经验准备：做重叠游戏大脚找小脚。
3. 场地准备：大型户外场地。
4. 人员准备：2 位教师，1 位保育员。

所属板块：运动课程

活动目标：

1. 锻炼幼儿双脚向前跳的能力。
2. 锻炼幼儿的观察能力，在跳的时候幼儿需要双脚跳在纸板上面的脚印上。
3. 培养幼儿的团队合作及竞争意识。

活动过程

玩法一：踩脚印

1. 教师带领幼儿做热身运动。
2. 教师向幼儿介绍今天的小搭档——小脚印。
3. 教师引导幼儿做双脚向前跳的动作。
4. 教师将纸板脚印摆放在操场上，分为四组，每组两块（踩脚印）。
5. 教师示范进行双脚跳在有脚印的纸板上，双脚要重叠在上面。
6. 教师引导幼儿排队，双脚跳到纸板脚印上，再把后面的拿到前面来，依次进行。

观察：

幼儿在踩脚印的时候，由于距离较远会出现踩不到小脚印。

支持：

教师和幼儿讨论如何解决踩不到小脚印的问题（把距离拉近一点）。

玩法二：跳跳脚

1. 教师将纸板脚印有序地放在操场上。
2. 幼儿分为4组，每组2名幼儿。
3. 幼儿两两一起示范跳（一名幼儿跳一名幼儿移动纸板）。
4. 幼儿以小组为单位进行接力比赛。

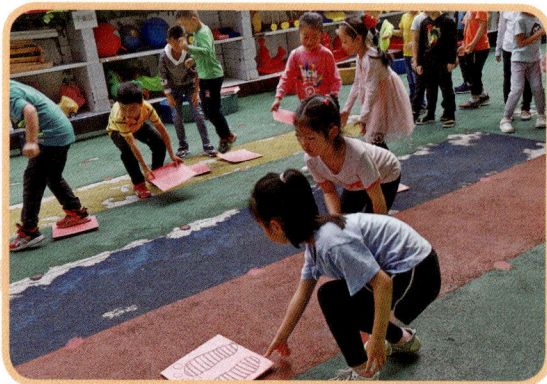

观察：
幼儿在反复拿小脚板的过程中，会出现踩漏脚的现象。

支持：
教师与幼儿一起探讨怎样才能在跳的时候稳稳地落在小脚印上（间距不要远）。

玩法三：斜方向跳

1. 教师将纸板脚印以"之"字形平放在操场上。

2. 将幼儿分成两组。

3. 请两名幼儿示范跳（要连续跳完所有的纸板脚印）。

4. 教师引导幼儿自由练习。

5. 进行分组比赛。

观察：

幼儿在进行斜方向跳时，出现了摔倒的现象。

支持：

教师与幼儿一起讨论在斜方向跳时怎样跳才不会摔倒（在每一次斜方向跳时，要将身体稍微转一下对准纸板脚印后再跳）。

玩法四：低矮障碍物

1. 教师将 4 个障碍物按一定距离放在操场上，每个障碍物前放一个纸板脚印。

2. 幼儿站在障碍物后。双脚立定跳过障碍物，并且双脚要落在纸板脚印上，连续跳过 4 个障碍物。

3. 分组比赛，先跳完的小组获胜。

观察：
幼儿在跳过障碍物时能力较弱的幼儿会出现将障碍物踢倒的现象。

支持：
教师与幼儿一起讨论如何解决双脚不能一起跳的问题（在游戏前请幼儿回忆自己见过的袋鼠跳、小兔跳的动作，练习袋鼠跳和小兔跳的动作）。

活动评价与反思：

　　大班的幼儿已基本掌握了钻、爬、攀登、平衡、跑、跳等基本动作，并能灵活运用。跳跃不只是单纯的体育活动，大班幼儿对新鲜事物有着强烈的好奇心，他们喜欢比较新鲜、具有挑战性的游戏活动，而且还会创造性地使用玩具材料，丰富游戏活动。而一物多玩可以使幼儿有不断的发现，百玩不厌，有效增加活动的趣味性。此活动利用硬纸板一物多玩，创造性地使体育运动和户外的游戏活动相结合，设置各种障碍，让幼儿通过练习跳跃等活动来增强幼儿的弹跳能力，让幼儿在学习跳跃活动的过程中感受到运动的乐趣，增强了幼儿的身体素质。

活动十一　奶粉罐变变变

园所：哆来咪幼儿园　班级：中班　实施教师：冯茜、李双容　指导教师：李雪

活动名称： 奶粉罐变变变

活动准备：

1. 物品准备：奶粉罐若干个、运动音乐。
2. 经验准备：幼儿已有一物多玩的经验和并脚跳等技能。
3. 场地准备：大型户外场地。
4. 人员准备：2 位教师，1 位保育员。

所属板块： 运动课程

活动目标：

1. 激发幼儿主动探索奶粉罐的各种玩法。
2. 锻炼幼儿腿部肌肉的力量和双手的灵活性。
3. 激发幼儿参与活动的积极性，体验合作的乐趣。

活动过程

玩法一：梅花桩

1. 教师带领幼儿做热身运动，引入小搭档——奶粉罐。
2. 教师示范单脚站的动作及游戏规则。
3. 幼儿尝试练习踩过梅花桩。
4. 通过两两比赛，增加游戏难度。

观察1：
幼儿在平地单脚站立时出现身体不平衡现象。

支持1：
教师和幼儿一起讨论如何解决站立不平衡问题，可以将双臂打直，保持平衡。

观察2：
幼儿走过梅花桩时由于走得太快容易摔下来。

支持2：
教师与幼儿一起讨论怎样避免摔下来问题：脚步可以放慢一点，一步一步地走过去，不能太着急。

玩法二：垒积木

1. 教师出示积木并引导幼儿自主搭建积木。
2. 教师引导孩子分组进行搭建游戏，看哪组垒得高。

观察：
搭建奶粉罐的时候，会出现奶粉罐倾倒的现象。

支持：
教师引导幼儿讨论如何避免奶粉罐倾倒。比如虽然奶粉罐是圆柱体的，但是它的底部是平的，所以要找平坦的地方搭建。

玩法三：比比谁滚得远

1. 幼儿听到教师第一声哨声将奶粉罐用力滚出。
2. 幼儿听到教师第二声哨声迅速返回。

观察：
幼儿可能因为器械不足而发生争执和消极等待的现象。

支持：
教师要注意提供给幼儿充足的活动器械。

活动评价与反思：

奶粉罐这一材料在有婴幼儿的家庭中随处可见，很方便取材，孩子们玩起来兴趣也比较大，在活动中能充分发挥孩子更多的想象力和创造力。在游戏活动中，教师首先让幼儿对奶粉罐产生兴趣，在游戏过程中产生探索的欲望；接下来就是探索，并让幼儿相互分享探索的想法；最后就是体验，利用奶粉罐体验运动场上的乐趣，还有同伴合作的乐趣，增进了幼儿彼此之间的感情。

活动十二　双　环　圈

园所：哆来咪幼儿园　　班级：大班　　实施教师：徐静、李春华　　指导教师：李雪

活动名称： 双环圈

活动准备：

1. 物品准备：自制双环圈、活动音乐。
2. 经验准备：幼儿已有双脚跳跃的经验。
3. 场地准备：大型户外场地。
4. 人员准备：2位教师，1位保育员。

所属板块： 运动课程

活动目标：

1. 使幼儿学会双脚向前跳跃，提高腿部肌肉力量。
2. 使幼儿喜欢参与跳跃活动，体验游戏的乐趣。
3. 培养幼儿与小伙伴团结协作的精神。

活动过程

玩法一：可爱的小白兔

1. 教师引导幼儿模仿小兔跳跃的动作。
2. 第一环节：原地跳。

观察1：

幼儿再跳跃时容易摔倒。

支持1：

教师与幼儿交流避免摔倒的问题，比如要轻微地跳跃。

观察2：

提着双环圈跳动时速度有所减缓，有些幼儿会害怕摔倒。

支持2：

教师鼓励幼儿勇敢地跳起来，带动幼儿一起跳。

3. 第二环节：连续向前跳。

4. 第三环节：幼儿站在双环圈内双手提着跳。

玩法二：排排走

1. 将幼儿分成 2 人一组，在双环圈内并排走。

2. 以比赛的形式进行游戏。

观察：

幼儿与同伴配合时会出现跳的速度不一致，导致时常摔倒。

支持：

教师与幼儿讨论怎样才能让两人跳动时不摔倒，比如幼儿要出脚一致同时跳。

玩法三：钻山洞

1. 教师引导 2 名幼儿默契合作，支撑好山洞。

2. 其他幼儿排队钻山洞。

3. 钻完山洞的小朋友轮流替换支撑山洞的幼儿。

观察：

2 名幼儿在支撑山洞时，会注意力不集中，导致钻山洞的小朋友会不知所措。

支持：

教师带领幼儿一起讨论支撑山洞的正确要领。

活动评价与反思：

　　把双环圈当成替代物来游戏是大班幼儿非常感兴趣的事情。针对大班幼儿的认知水平，这种尝试能更好地提高幼儿发散性思维能力，而且在游戏过程中有一定的挑战性，这更加激发了他们对游戏的兴趣，并在游戏的过程中体会到合作带来的乐趣。在活动中发现，幼儿与同伴合作交流不是很到位，幼儿缺乏沟通意识，但在教师的指导下能很快达成共识，团结协作精神较好，独立自主性较强。在以后的类似活动中，教师必须注意引导幼儿相互交流、相互探索，增强幼儿与同伴交流的意识和团结协作的精神。

活动十三　神奇的椅子

园所：哆来咪幼儿园　班级：大班　实施教师：向迷、邓方芳　指导教师：李雪

活动名称： 神奇的椅子

活动准备：

1. 物品准备：靠背椅 20 张、运动音乐。
2. 经验准备：幼儿初步了解椅子构造，能站在椅子上保持平衡。
3. 场地准备：大型户外场地。
4. 人员准备：3 位教师，1 位保育员。

所属板块： 户外运动课程

活动目标：

1. 激发幼儿探索椅子的一物多玩，发现椅子不同的、有趣的玩法。
2. 培养幼儿克服困难和与同伴合作的意识和能力。
3. 激发幼儿对民间体育的兴趣。

活动过程

玩法一： 骑马郊游

1. 教师创设情景，解释椅子当小马的游戏方式。
2. 幼儿跨坐在椅子上，椅子靠背在前。

观察：
幼儿对椅子产生兴趣，就一张椅子怎么玩进行讨论。
支持：
教师与幼儿一起谈论椅子的多种玩法。

3. 手扶靠背向上方跳动拉动小椅子。

4. 模仿马术，站在椅子上做各种动作。

玩法二：抢椅子

1. 教师引导幼儿一起把椅子摆成圆形。

2. 幼儿在圈外随音乐小跑做动作。

3. 当音乐停下时幼儿迅速找到一张椅子。

4. 没有抢到的幼儿就算淘汰，这时椅子减少一把，游戏继续。

观察：

幼儿看见自己没有抢到椅子时，情绪低落。

支持：

教师安抚幼儿情绪并且给幼儿讲解抢椅子的动作技巧。

玩法三：我是小英雄

1. 游戏增加难度，教师与幼儿一起将椅子的一面斜放在地上，摆放成一竖排，共放两大排，椅子的脚对整齐。

2. 引导幼儿从椅子上跨步走过去，但必须注意安全。

观察：

幼儿在跳跃椅子时，会出现触碰到椅子甚至摔倒的现象。

支持：

教师与幼儿讨论怎样才能不碰到椅子，比如可以把脚稍微抬高一点，跳跃前先判断自己与椅子的距离。

活动评价与反思：

　　椅子是幼儿园最常见的物品之一，是幼儿离不开的好伙伴。在平时的活动中，幼儿就很喜欢有意无意地玩一些椅子游戏，如把椅子当马骑、当摇椅、当滑梯等，但这些游戏往往因涉及安全问题而被很多教师限制。根据这些特点，此活动设计了很多关于椅子的玩法，通过各种椅子游戏帮助幼儿练习了跨、跳、跑等基本动作，满足了幼儿的好奇心。值得注意的是，在幼儿自主练习探讨玩法时，教师要随时观察幼儿的安全，平时在家或者在幼儿园玩椅子游戏时必须要有家长或教师带领才能进行，不能独自进行。

活动十四 有趣的绳子

园所：哆来咪幼儿园 班级：大班 实施教师：陈建莉 指导教师：李丹

活动名称：有趣的绳子

活动准备：

1. 物品准备：与幼儿人数相等的布条绳。
2. 经验准备：幼儿有玩过绳子的经验。
3. 场地准备：大型户外场地。
4. 人员准备：2 位教师，1 位保育员。

所属板块：运动课程

活动目标：

1. 通过游戏锻炼幼儿的观察感知能力。
2. 激发幼儿探索绳子的多种游戏玩法，培养幼儿团队协作精神。
3. 使幼儿体验游戏带来的快乐。

观察 1：
幼儿在玩游戏时，小花猫的出现会引起小老鼠乱跑，有摔倒的现象。

支持 1：
教师与幼儿一起讨论怎样才能避免摔倒现象（在追跑时尽量不要撞到对方）。

观察 2：
小花猫去揪小老鼠尾巴时同时也把自己的尾巴揪掉。

支持 2：
教师要求幼儿只能去揪小老鼠的尾巴。

活动过程

玩法一：踩尾巴

1. 教师创设情境进行热身活动，激发幼儿活动兴趣。
2. 教师将绳子塞进裤腰，并学小老鼠跑跳，请 5 名幼儿当小猫咪，通过走、跑、跳多种形式来揪绳子，谁的绳子最多，谁就获胜。

玩法二：跳跳绳

1. 师生一起将绳子摆成跳房子的形状。
2. 教师将幼儿分成两组，进行跳房子比赛。

活动评价与反思：

儿时玩的很多游戏，都是我们美好的童年记忆。儿时的一根绳子或一堆石子都可以让我们玩得流连忘返，不亦乐乎。现在的幼儿对很多传统游戏知之甚少，为了挖掘有益的传统游戏，教师设计了"有趣的绳子"的活动。因为绳子对幼儿来说并不陌生，日常生活中也经常见到、用到，但是对于绳子的游戏却并不熟悉。其实，传统的绳子游戏非常丰富有趣，对于开发幼儿的想象力、创造力，培养幼儿的动手能力及手、眼协调能力都具有较好的效果。

活动十五　多功能米袋

园所：钢城实验学校附属幼儿园　班级：中班　实施教师：张耀文
指导教师：刘小红

活动名称：多功能米袋

活动准备：

1. 活动准备：米袋，乌龟、袋鼠、小青蛙、小蝴蝶图片，身体音阶操的音乐。
2. 经验准备：幼儿有玩米袋的相关经验。
3. 场地准备：大型户外场地。
4. 人员准备：2位教师，1位保育员。

所属板块：趣味运动

活动目标：

1. 锻炼幼儿的跳跃能力和平衡掌控力、攀爬能力和四肢协调能力。
2. 通过使用米袋，让幼儿体验一物多玩的乐趣。

活动过程

玩法一：小乌龟爬爬爬

1. 教师带领幼儿到游戏区并做热身运动。
2. 教师讲解小乌龟爬的动作。
3. 教师引导幼儿铺好米袋。
4. 教师引导幼儿学习小乌龟爬行。

观察：

在乌龟爬爬爬的环节时，小朋友经常先出脚再出手。

支持：

教师介入引导幼儿学习乌龟爬的正确姿势，请动作正确的幼儿进行示范。

玩法二：袋鼠跳跳跳

1. 教师向幼儿出示小袋鼠图片并示范袋鼠跳。
2. 教师引导幼儿进入米袋，手抓两旁做好准备。
3. 幼儿自由跳跃。
4. 教师将幼儿分成男女两组进行分组比赛。

观察：

幼儿在进行袋鼠跳的时候，没有抓着米袋，导致米袋滑到脚底。

支持：

教师观察发现米袋因为幼儿拉不住往下滑，经过反复思考，将每个米袋两侧剪出两个小口，这样方便幼儿手抓。

玩法三：小青蛙呱呱呱

1. 教师向幼儿出示小青蛙图片并示范青蛙跳。
2. 教师和幼儿一起布置场地。
3. 教师引导幼儿学习小青蛙跳，包括蹲下起跳和连续跳跃。

观察：

幼儿在进行青蛙跳时，连续跳跃很容易蹲不稳。

支持：

教师发现个别小朋友蹲下来容易身体往后倒，提醒小朋友们跳下来以后身体稍稍往前倾，避免蹲不稳坐在地上。

玩法四：小蝴蝶飞呀飞

1. 教师向幼儿出示小蝴蝶照片并示范蝴蝶飞舞动作。

2. 教师引导幼儿对折米袋，搭独木桥。

3. 教师引导幼儿变成"蝴蝶"，走过独木桥。

4. 教师引导幼儿分享自己更喜欢哪个小动物。

5. 活动结束后，幼儿整理米袋。

活动评价与反思：

　　民间体育游戏是民间传承下来的一种游戏形式，它的内容丰富多样，趣味性强，形式生动活泼，简单易学，不受场地、人数、幼儿接受能力差异的限制，集趣味性、娱乐性、健身性、教育性等多种功能为一体，符合儿童身心特点，在幼儿园中开展民间体育游戏，对于激发幼儿参与运动、掌握动作技能、增进身心健康、开发智力以及培养良好的道德品质、规则意识等都有积极的作用。米袋是我国传统的民间物品，也是传统的民间游戏材料，幼儿在游戏探索和实践中利用米袋进行跑、钻、全身爬等动作练习，发展了动作的协调性，体验到了民间游戏的快乐。

板块二 "社会" + 游戏化课程

　　幼儿社会领域的学习与发展过程是幼儿社会性不断完善并奠定健全人格基础的过程，主要包括人际交往与社会适应。幼儿阶段是社会性发展的关键时期，良好的人际关系和社会适应能力对幼儿身心健康发展以及知识、能力和智慧作用的发挥具有重要影响。幼儿在与成人和同伴交往的过程中，不仅学习如何与人友好相处，也在学习如何看待自己、对待他人，不断发展适应社会生活的能力。

　　游戏为幼儿学习怎样与同伴相处，怎样处理和协调同伴之间的关系，共同完成活动提供了一个非常好的机会。其中利用户外角色游戏对幼儿进行社会领域教育是一种非常有效的方式。这里所说的角色，指社会中有相应职位、承担一定责任且遵守特定社会规范的个体。角色扮演法即教师创设现实社会中的特定情景，让幼儿扮演一定的社会角色，使幼儿表现出与这一角色一致的且符合这一角色规范的社会行为，并在此过程中感知角色间的关系，感知和理解他人的感受、行为经验，从而掌握自己承担的角色所应遵循的社会行为规范和道德要求。

　　此外，社会领域的各方面都需要在社会现实中不断实践，才能更好地促进发展。所以，我们在设计社会领域游戏化课程方案的时候，要尽量结合实际情况，贴近幼儿的生活，让幼儿在自己熟悉的环境下进行游戏，这样既能提高游戏的积极性，对我们实际的教育目标也能起到很好的促进作用。

活动一　汽车一条街之加油站

園所：大渡口幼儿园　班级：中班　实施教师：杨霞　指导教师：王善安

活动名称：汽车一条街之加油站

活动准备：

1. 物品准备：工作服、加油工具、刷卡机、移动加油箱。
2. 经验准备：幼儿了解汽车加油的流程以及加油工的工作职责。
3. 场地准备：把走廊布置成汽车一条街，把角落布置成加油站。
4. 人员准备：2位教师，1位保育员。

所属板块：角色体验

活动目标：

1. 体验加油工的工作职责，丰富给汽车加油的生活经验。
2. 懂得服务行业与顾客沟通的技巧与常用礼貌语，能够有礼貌地接待顾客，根据顾客的需要提供相应的服务，练习收费计算。
3. 合理分配游戏角色，感受加油分工合作的要领，体会遇到问题思考解决后的成就感。

活动过程

玩法一：加油工加油

1. 教师引导幼儿穿上工作服，明确分工职责，做好准备工作。
2. 教师引导幼儿确定油价，制作油价牌。
3. 幼儿引导需要加油的车进入加油站。
4. 幼儿询问加油需求并正确地使用加油工具。
5. 收费，送别。

观察1：

注意汽车加油的秩序。一些幼儿可能出现路线不清，路口拥堵的状况。

支持1：

教师提示幼儿制定加油停车路线，有序排队。

观察2：

加油工人的工作分工情况与工作状况。可能出现加油站工作人员更喜欢加油，很少去接待顾客的情况。

支持2：

教师协助幼儿对加油站工作进行分工，设置专门的加油站接待员角色，明确岗位职责。

观察 3：

加油后收费情况，不同车需要的加油量是否有区别。

支持 3：

教师与幼儿共同商量不同车的加油量与油品定价，发展幼儿的计算能力，如：定价 1 升 10 元，我有 100 元可以加多少升油，我加 5 升油应该找零多少？

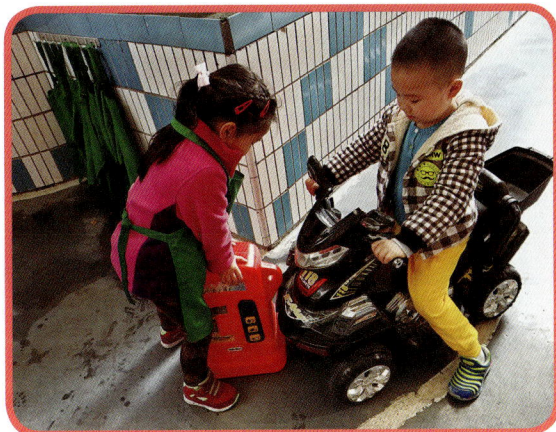

观察 1：

司机自助加油的程序是否适宜。

支持 1：

游戏前鼓励家长带领幼儿到加油站体验真实自助加油过程，或播放成人自助加油视频，充实自助加油经验。鼓励幼儿观看后绘制自助加油步骤图，提示司机按步骤加油。

观察 2：

自助加油后，加油工具归位情况。

支持 2：

教师提醒幼儿，将加油工具整理工作作为加油站接待员职责之一，鼓励接待员提醒司机，并通过制作工具位置图示协助归位。

观察 3：

司机与加油工都希望给车加油，争抢加油工具。

支持 3：

鲜明标识出自助加油区与普通加油区，明确加油工和司机的职责。

玩法二：自助加油

1．司机将车开进自助加油站。

2．在自助机屏幕上选择油的型号。

3．刷卡，缴费。

4．自助使用加油工具进行加油，在加油过程中注意安全操作。

5．加满后，将工具放在指定的位置上。

活动评价与反思：

《3—6岁儿童学习与发展指南》中指出："幼儿的学习是以直接经验为基础，在游戏和日常生活中进行的。"由此课件可见，游戏在幼儿生活中具有重要的地位和作用。运用游戏进行社会活动教学时，教师要注意用游戏的趣味性来激发幼儿的活动兴趣，促使幼儿对所要掌握的知识内容有更多的关注。为此，大渡口幼儿园开展了大型主题活动——"汽车一条街"，围绕汽车这一幼儿较为熟悉的生活物品，开展了"加油站""汽车4S店""开车路上""服务区""驾校"等一系列游戏活动。"加油站"是本次大型主题活动的第一个活动。

通过这个游戏活动，幼儿体验了加油工的工作职责，丰富了给汽车加油的生活经验，懂得了服务行业与顾客沟通的技巧与常用礼貌语。

活动二　汽车一条街之汽车4S店

园所：大渡口幼儿园　班级：中班　实施教师：韩素花　指导教师：胡秋梦

活动名称： 汽车一条街之汽车 4S 店

活动准备：

1. 物品准备：水桶、洗车刷、抹布、围裙、汽修工具、汽车打蜡与美容材料。

2. 经验准备：通过实地参观或视频观摩讨论等方式知道 4S 店的洗车、修理、美容等功能，对洗车、汽车美容、维修汽车等活动有浓厚兴趣。

3. 场地准备：场地设置在卫生间附近，汽车一条街沿线，临近水源，排水便利。

4. 人员准备：2 位教师，1 位保育员。

所属板块：生活体验课程

活动目标：

1. 熟悉汽车 4S 店洗车工、修理工、美容工等工作内容，深化汽车护理相关经验。

2. 能认真履行好洗车工、修理工、美容工等角色职责，在任务驱动下形成坚持的品质和责任感。

3. 发展自主性和创造性，体验汽车护理任务完成后的胜任感与为别人服务的快乐。

活动过程

玩法一：洗车工

1. 教师引导幼儿自主选择汽车一条街 4S 店的角色——洗车工。

2. 幼儿系上围裙，做好准备工作。

3. 工作人员拿好洗车刷、抹布，等待顾客。

4. 工作人员热情招呼顾客，有序地指挥司机将车开进洗车场。

5. 工作人员用洗车刷、抹布擦洗车辆。

6. 工作人员询问顾客是否满意，收钱。

7. 工作人员清洗洗车工具，等待下一辆车。

观察 1：

司机在等待洗车时无序混乱，导致拥挤。

支持 1：

教师与幼儿一起讨论如何解决洗车场的拥挤混乱，比如制定洗车路线，排队洗车等。

观察 2：

洗车工对洗车程序不熟悉，导致部分车子座位湿淋淋的，洗完的车子无法坐。

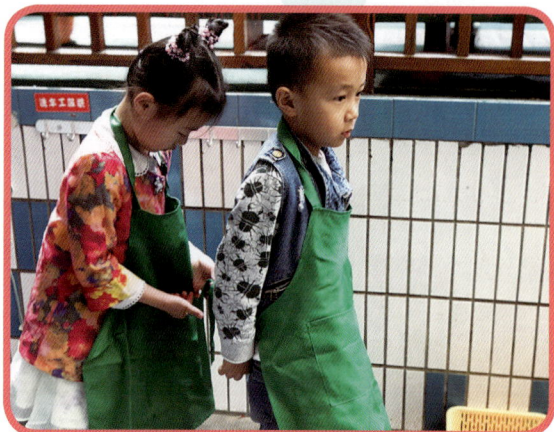

支持2：
教师与幼儿一起观看洗车的视频，和孩子讨论洗车刷和抹布的合理配合使用，比如说一个洗车工先用洗车刷洗车，另外一个洗车工负责用抹布擦干。

玩法二：汽车美容

1. 教师对幼儿进行汽车美容培训，知道打蜡的好处和步骤。
2. 顾客洗完车，询问顾客是否需要打蜡或者顾客主动要求。
3. 检查车辆是否清洗干净。
4. 将适量的车蜡涂抹在海绵上，在车上进行打圈涂抹。
5. 车蜡涂抹完以后，用抹布擦拭干净。
6. 选择装饰材料，进行装饰。
7. 整理好工具，跟顾客道别。

观察1：
幼儿对汽车美容的步骤不清楚，会忽略汽车是否干净，喜欢打蜡这个步骤。

支持1：
教师在游戏前提供汽车美容打蜡的视频给小朋友观看，通过视频了解打蜡的步骤以及方法。

观察2：
幼儿可能存在过度装饰的情况，比如幼儿把喜欢的材料一股脑地往车子上贴。

支持2：
教师提供给幼儿个性化装饰的图片，在活动中进行介绍。教师引导幼儿做出汽车美容样例的海报设计，供顾客选择。

玩法三：汽车维修

1. 教师引导幼儿熟悉汽车的构造以及维修的基本工具：扳具、夹具、量具刻度尺等。
2. 幼儿能正确使用各种维修工具，在修理汽车的过程当中注意安全操作。
3. 幼儿检查车辆的故障：车灯、车胎、方向盘、车身等。
4. 幼儿找到汽车故障，选择适当的修理工具进行维修。
5. 幼儿再次检查汽车故障是否维修成功。
6. 收费，希望下次光临。

观察1：

司机在行驶过程中遇到撞车会主动将车开进4S店进行维修。

支持1：

教师以行人角色参与游戏，提醒司机及时修车，或与幼儿讨论增加游戏规则：即车辆行驶一定里程后需去4S店维修保养。

观察2：

幼儿在对汽车修理时可能存在不当操作，如：用手锤使劲敲打车辆，容易造成汽车损坏。

支持2：

教师启发"维修工人"思考车辆常见的故障，针对不同的故障找到合适的工具进行维修，示范汽修工具的使用，提醒"工人"在维修汽车时要保护汽车不受损伤。

活动评价与反思：

　　"汽车一条街之汽车4S店"是幼儿园的热门户外活动区，可是自从汽车4S店的"美容店"里角色丰富以后，幼儿们更倾向于选择修理工和汽车美容工的角色，洗车工成了一个冷门的角色。每次在汽车一条街角色游戏分配角色时会产生一些冲突，教师发现洗车工的机械重复动作导致幼儿容易失去游戏的兴趣。于是教师在游戏的角色分配之前，针对洗车工抛出了两个问题：1.你们觉得洗车工洗得干净吗？2.洗车工有什么办法把车洗得很干净？小朋友们七嘴八舌地讨论起来。经过讨论，幼儿对洗车工的角色有了新的认识，主动选择洗车工的角色。比如在洗车的过程中发现用毛刷洗过的车特别湿，会引起小朋友的不满，因此能利用现有的材料想办法，解决游戏中的问题。对洗车有了更进一步的认识——洗车顺序的确定：先用湿的毛刷洗，再用干的毛巾擦。在没有顾客的情况下，幼儿会主动发现有些车是脏的，招揽客人进行服务。能够观察周边的环境以及幼儿之间角色的关系，发现去汽车修理厂的汽车修好后还需要洗车。通过本次活动可以看出，教师适当的语言介入，可以促进幼儿对角色的思考，从而丰富角色行为，使幼儿更好地融入角色。

活动三 汽车一条街之开车路上

园所：大渡口幼儿园 班级：茉莉班 实施教师：叶礼娜、林玲 指导教师：王善安

活动名称： 汽车一条街之开车路上

活动准备：

1. 物品准备：儿童自行车、推车、救护车、警车、消防车等各式车辆，各种交通标志、交警服、罚款单和重新学习单。

2. 经验准备：幼儿了解汽车的分类、外形、功能等基础信息，知道交警的职责，懂得交警的基本手势和交通规则。

3. 场地准备：开阔空间，布置一条双向行车道路。

4. 人员准备：2 位教师，1 位保育员。

所属板块： 生活体验课程

活动目标：

1. 让幼儿认识各种交通标志，能根据交通标志有秩序地开车，遵守交通规则。

2. 让幼儿能按交警工作规范解决处理交通问题，疏导交通。

3. 让幼儿各司其职，明确扮演角色的任务，积累角色经验，体验自主游戏的快乐。

活动过程

玩法一：我当小司机

1. 教师组织前期的集中教育活动，熟悉交通规则与行驶技巧，明确交警职责与执法方式。

2. 教师引导幼儿自主选择汽车一条街的角色——司机，熟悉道路。

3. 幼儿从车库选择自己喜欢的车辆，驶向公共道路。

4. 幼儿按交通规则与标志要求开车行驶。

5. 幼儿回到车库泊车后可更换车辆行驶，游戏结束，将车辆停入车库。

观察 1：

幼儿在选择车辆时可能发生争执。

支持 1：

教师协调纷争，引导幼儿商议各角色人数和选车策略，如：轮流开、一起开（遇到有多余座位的车）、石头剪刀布等。

观察 2：

教师注意幼儿在行驶过程中的安全情况，车速是否适当？有无撞车现象？是否遵守交通规则？

支持2：

教师在活动前引导幼儿认识交通标志，熟悉交通规则。活动中教师引导交警提醒幼儿正确的行驶要求。

观察3：

幼儿是否将车辆正确停进车库（画有车位线）？

支持3：

教师直接演示或者教师与幼儿一起讨论停车技巧，鼓励幼儿练习停车技巧。

玩法二：交警来执勤

1. 幼儿自主选择汽车一条街的角色——交通警察。

2. 幼儿穿好警服，戴好警帽，带上罚单，自主将交通标志摆放到场地适宜位置。

3. 协商分配工作任务，一名交警在十字路口定点执勤，其他交警两两结对巡逻执勤。

观察1：

交警能否根据地面标志正确地摆放路牌标志，能否分配明确工作职责。

支持1：

教师引导幼儿正确认识地面标志和路牌标志，理解标志的意思，学习正确摆放方法（地面标志和路牌标志一一对应）。通过提问明确各自的工作职责。

观察2：

交警能否及时发现交通违规问题，履行交警职责。

支持2：

教师出示交通违规照片或视频，明确违规现象，增强幼儿及时发现违规问题的意识。同时引导幼儿观察并讨论：当发现不同违规问题时应采取何种相应的措施。

观察3：

幼儿执法是否合理，重点观察态度、言语及处理方法，能否根据司机行为做出正确的处罚行为：情节轻微就语言、动作提醒，情节严重开罚款单或重新学习单。

支持3：

教师出示司机不同程度违规的视频或照片，引导幼儿讨论司机的什么行为应该开出罚款单，什么行为只需交警尽快疏通交通，提醒警告司机。引导幼儿在执法过程中使用恰当的态度、言语及处理方法。

4. 定点执勤交警定时更替红绿灯，指挥行人与车辆有秩序地通过人行横道。

5. 流动交警在游戏场地内巡视，发现汽车有堵塞现象，及时进行疏导，当司机做出随意停车、超速行驶、不按交通标志行驶等违规行为时开出罚款单。

6. 及时发现公路上的突发事故，如撞车等严重事件，并进行处理。对司机进行教育，并送往学习室重新学习。

活动评价与反思：

角色游戏创设开放的游戏环境，幼儿自主以模仿和想象的方式，借助真实或替代材料，通过扮演角色，用语言、动作、表情等创造形式再现日常生活的游戏，可以调动幼儿积极情感，促进幼儿思维与想象能力的发展，提高幼儿社会交往能力。在游戏教学实践中，强调规则和游戏玩法是教师介入指导的最主要动机。在本次活动中，幼儿在玩开车游戏时，平时性格较活泼的幼儿在行驶过程中表现出激动、兴奋的情绪，无意识地产生了快速飙车、不愿意等待而选择逆行的状况。当遇到这种情况时，老师在一旁及时提醒后会起到一个短暂的效果，但离开老师视线之后，个别幼儿还是会再次出现高速、逆行、催促的状况。所以在游戏活动结束时，教师应组织幼儿一起寻找问题、解决问题。

活动四　汽车一条街之驾校

园所：大渡口幼儿园　班级：小班　实施教师：彭杨茜　指导教师：李丹

活动名称： 汽车一条街之驾校

活动准备：

1. 物品准备：交通规则、交通标志、各种车辆、交警服饰、学员证、教练证。
2. 经验准备：幼儿了解整个驾校报名学车的流程，三大基本考核内容清楚。
3. 场地准备：把已有的汽车一条街变为场考、路考的场地。
4. 人员准备：2 位教师，1 位保育员。

所属板块： 生活体验课程

活动目标：

1. 让幼儿知道汽车驾校报名考试步骤。
2. 让幼儿熟悉学员与教练角色之间的关系和工作内容。
3. 让幼儿能认真做好学员、教练的角色职责。
4. 让幼儿感受取得驾驶证后成功的快乐。

活动过程

玩法一：报名、学交规

1. 幼儿自主选择一辆喜欢的儿童车。
2. 幼儿到教练处登记车名，并且领取学员证。
3. 幼儿在教练的安排下，学习交通规则。
4. 幼儿在指定的区域，有序地学习交通规则并记录。
5. 幼儿熟悉交通规则后，到教练处进行考核。
6. 幼儿等待教练公布交通规则考核结果。

观察 1：
幼儿因喜欢某辆车在登记时导致争抢、拥挤混乱。

支持 1：
教师与幼儿一起讨论如何解决争抢、拥挤混乱等问题，如制定考核方案，有序排队。

观察 2：

幼儿在场地有限的交通规则学习处，拥挤打闹。

支持 2：

教师引导幼儿按报名登记的先后顺序，每次让 5 名学员到场地学习交通规则，学完后，统一到教练处进行考核。

玩法二：科目二的考核

1. 教练介绍科目二的考核内容：直角转弯、倒车入库。

2. 学员们在指定的区域，在教练指导下进行练习。

3. 学员们自己反复单独练习 5 次以上。

4. 教练对练习次数满额的学员进行考核。

5. 学员们用指定车辆，教练跟随学员一起进行实际操作。

6. 学员们耐心等待教练宣布考核结果。

观察 1：

学员们过多，都争抢车辆练习。教练人少，场面混乱。

支持 1：

教师与幼儿一起讨论怎样进行改善，比如一个教练指导 5 个学员。按教练要求完成指定动作。

观察 2：

学员们不遵守单独练习的规则，迫不及待地参加考核。

支持 2：

教师帮助幼儿设计卡片，每单独练习一次就画一次卡。必须满 5 次才能进行考核。

玩法三：科目三的考核

1. 教练介绍科目三的考核内容：路考。

2. 学员能在指定的行车道上平稳地行驶车辆。

3. 学员在教练指定车辆和跟随指导下平稳行驶 5 次以上。

4. 教练对练习次数满额的学员进行道路考核。

5. 学员用指定车辆，教练跟随学员一起进行实际道路行驶。

6. 学员耐心等待教练宣布考核结果，并发放驾驶证。

观察：

1. 学员们不按规定超速行驶。

2. 考核过程中出现争抢现象。

支持：

1. 采取指定车辆，教练跟随其后，保证安全行驶。

2. 按教练发放序号进行考核，完成考核内容的小朋友在指定区域等待发放驾驶证。

活动评价与反思：

在开展本次游戏活动时，教师与幼儿采用集体讨论的方式，共同决定游戏的环节，并根据角色游戏情节发展的需要来调整和增加游戏材料的操作性，使幼儿在快乐的游戏中加深了对驾校和交通规则的认识。

活动五 汽车一条街之服务区

园所：大渡口幼儿园　班级：小班　实施教师：李伟　指导教师：汪娟

活动名称： 汽车一条街之服务区

活动准备：

1. 物品准备：

玩法 1：收银台、学具钱币、各类商品。

玩法 2：各类食品、炊具、餐具、服装。

玩法 3：红色地垫、房卡、床上用品。

2. 经验准备：幼儿了解服务区的基本含义及用途。

3. 场地准备：超市和餐厅设在古怪精灵屋；汽车旅馆设在中操场台阶上。

4. 人员准备：2 位教师，1 位保育员。

所属板块：生活体验课程

活动目标：

1. 让幼儿知道服务区里超市、餐厅、住宿等功能。

2. 让幼儿熟悉服务区里超市、餐厅及旅馆内工作人员的工作内容。

3. 让幼儿能认真履行好超市、餐厅及旅馆内工作人员的角色职责。

4. 让幼儿能够热情接待顾客，根据顾客的需要提供相应的服务。

5. 让幼儿认识社会角色分工，获得角色分工体验。

活动过程

玩法一：大幼超市

1. 幼儿自主选择服务区内超市里工作人员的角色——收银员、导购员。

2. 幼儿佩戴工作牌进入超市，打卡，做好准备工作、检查货物陈列及保质期。

3. 晨会，超市管理员陈述一天工作。

4. 导购员根据顾客需要提供导购服务，顾客选好商品后至收银台处结账。

观察：

收银员和导购员在等待顾客时无所事事，不能坚守岗位。

支持：

教师与幼儿一起讨论如何解决在顾客未到之前的无所事事及不能坚守岗位问题。

1. 制订收银员工作制度：顾客未来之前清点钱币。
2. 制订导购员工作制度：顾客未来之前整理货架商品。

玩法二：大幼餐厅

1. 幼儿自主选择服务区内餐厅里工作人员的角色——厨师、服务员、收银员。
2. 幼儿进入餐厅，换好服装，做好准备工作（铺好桌布、准备好餐具）。
3. 等待顾客。
4. 顾客进入餐厅后，服务员根据事先制作的餐厅点餐流程图提示表，热情招呼顾客入座点餐，服务员登记用餐人数及用餐对应桌位。
5. 顾客点餐后，服务员将点餐单交给厨师。
6. 厨师根据顾客点餐单准备相应的餐点、茶水。
7. 服务员将餐点送到顾客的餐桌上。
8. 特色表演。
9. 顾客用餐后，引导顾客在留言簿上留下意见（比如可以新增的菜品，服务态度），至收银台处结账离开。
10. 服务员及时收拾餐具，并保持餐桌的整洁，等待其他顾客。

观察：
游戏中服务员有时会忘记将餐点端给顾客，而厨师有时会跑到其他区域游戏。

支持：
教师指导幼儿明确自己所扮演角色的分工和职责。

11. 如果是大班，还可以增加收银计算，计算一天收入。

12. 管理员发放一日工资。

玩法三：汽车旅馆

1. 幼儿自主选择服务区内汽车旅馆里工作人员的角色——前台接待，清洁员。

2. 幼儿进入汽车旅馆，做好准备工作。

3. 等待顾客。

4. 顾客进入汽车旅馆后，先将车子停放到旅馆内的车库里，再到前台交费办理入住手续，领取房卡（向顾客介绍旅馆或饭店的平面图以了解防火器材及紧急出口的位置）。

5. 顾客拿到房卡后，根据房卡号数找到相应房间入住。

6. 顾客住宿后至旅馆前台办理退房手续并交还房卡。

7. 清洁员及时整理床铺，保持房间的整洁，等待其他顾客。

观察：

1. 前台接待没有使用礼貌用语。

2. 清洁员整理床铺不认真，被子叠放不整齐。

支持：

1. 教师与幼儿共同讨论前台接待应使用哪些礼貌用语来接待顾客（如你好，欢迎入住汽车旅馆等）。

2. 让幼儿在班上观察保育老师整理床铺，通过观察了解整理床铺的步骤及方法。

活动评价与反思：

　　"汽车一条街之服务区"是"汽车一条街"系列主题活动拓展的一个子活动。幼儿园在开展了"加油站""汽车4S店""开车路上""驾校"等活动后，幼儿对该主题活动的热情仍未减弱，因此，教师依据幼儿的兴趣拓展了该主题活动。该活动有效整合了超市、餐厅和汽车旅馆三个游戏情境，使幼儿在游戏中充分了解了服务区里超市、餐厅、住宿的功能，熟悉了服务区里超市、餐厅及旅馆内工作人员的工作内容及职责，认识了各种社会角色分工，获得了角色分工的体验。

活动六 汽车一条街之大幼快递公司

园所：大渡口幼儿园 班级：小班 实施教师：叶礼娜 指导教师：李丹

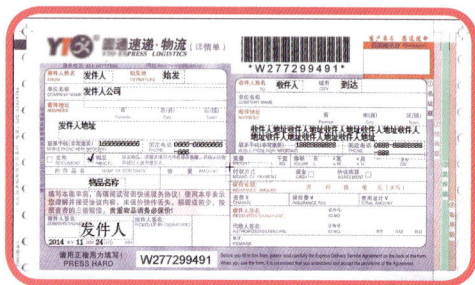

活动名称：汽车一条街之大幼快递公司

活动准备：

1. 物品准备：快递单、纸盒、粘贴纸、框子、音乐。

2. 经验准备：幼儿对快递有一定的了解。

3. 场地准备：把走廊布置成"大幼快递公司"。

4. 人员准备：2位教师，1位保育员。

所属板块：生活体验课程

活动目标：

1. 初步尝试看图示取快递送快递，进行相应的分配。

2. 熟悉送快递，分拣员，取快递等工作内容。

3. 能认真履行自己的角色职责。

4. 在取送快递的情景中，体验自主取、送快递的乐趣。

活动过程

玩法一：快递员

1. 幼儿自主选择汽车一条街快递的角色——快递员。

2. 幼儿穿上衣服，做好准备工作。

3. 如图（蓝色）那面是要去送快递，根据图片提示把它送到相应的地方，并把标志粘贴在快递单（快递单上需注明目的地和签收人）上。

观察1：

快递员们在公司等待取快递时是否有序，在送快递时遇到问题和困难怎么办？

支持1：

教师与幼儿讨论如何解决快递员在送取快递时发生的问题和遇到的困难。

观察2：

小朋友对送快递的流程不清楚，在送快递时没有秩序。

支持 2：

教师提供快递员送快递的照片和视频给小朋友看，通过视频让孩子们了解基本的送快递流程。

玩法二：分拣员

1. 教师先将物品按照不同的投向贴上便签，并写明投向（如北京、上海、广州、重庆等），并进行混合。
2. 教师再准备四个框或桌子，也贴上相应目的地的便签。
3. 幼儿以分拣员的角色将一个贴有目的地便签的物品搬运到相对应的框或桌面。
4. 幼儿循环往复完成第 3 步动作，直到所有的物品完成分拣。

观察 1：

幼儿找不到物品上的便签或不理解便签内容，不清楚物品该往哪里存放。

支持 1：

教师帮助幼儿找到并理解便签内容。

观察 2：

幼儿可能按照物品将同一类事物（如水杯等）放到同一目的地，而不是参照物品上的便签。

支持 2：

教师与幼儿讨论如何正确地获取目的地信息。

玩法三：取快递

1. 根据图示的提示，如黄色是要去取快递，按照快递单上的目的地提示（如北京、上海、广州、重庆）和自己的名字到相应的框或桌面那里取快递并签收。
2. 记得签收时粘贴相应的标志物。

观察：

1. 幼儿不能正确识别该自己拿走的物品。
2. 幼儿直接将快递物品拿走，未进行签收的动作。

支持：
1. 教师与幼儿一起讨论取物品需要先正确辨别属于自己该取物品的问题。
2. 教师给幼儿演示签收的动作，并教导幼儿比照进行。

活动评价与反思：

快递已经成为人们日常生活中不可或缺的一部分，幼儿在日常生活中也经常接触到快递员和包裹。本次活动以"快递公司"为主题，通过让幼儿体验快递员分拣包裹以及取快递等多种活动，让幼儿进一步了解快递员的职业，理解快递员的辛苦，也明白快递的流程，增加幼儿的生活体验。在活动具体的实施过程中，教师要注意为幼儿提供更多的制作材料，如：各种纸盒、亮光纸、水笔等，这样，幼儿就可做出更加漂亮的包裹，既培养了幼儿的制作动手能力，又培养了幼儿的审美能力。幼儿在游戏时，教师不要过多参与，做一个有智慧的观察者，对发现的问题在游戏分享时再请幼儿讨论，并说出应对的方法。

活动七　汽车一条街之消防

园所：大渡口幼儿园　班级：小班　实施教师：杨高红　指导教师：雷静

活动名称：汽车一条街之消防

活动准备：

1. 物品准备：

消防灭火游戏材料：消防员服装 6 套、地图 1 张、沙土 2 袋、防毒面具 6 套、灭火毯 2 张、水桶 2 只、灭火器 2 个、消防应急箱 2 组、接线电话 1 台；火势大小图标各 2 组（火苗、小火、大火、熊熊烈火）；警报器 1 部、风向图标（微风、大风、剧烈的风各一）。

消防疏散与救护游戏材料：消防员服装 6 套、疏导线路图 1 张、毛巾若干、电话 1 部、救护人员服装 6 套（外伤处理图标、心理咨询图标、急救图标各 2 个）。

消防员训练游戏材料：教官服装 1 套、担架 2 副、小车 2 部、垫子 10 个、楼梯 2 个、球 2 个、冰箱纸箱 2 个、演习网 2 个。

2. 经验准备：幼儿具有初步的救火知识，了解疏散的程序，以及消防员的常规训练。

3. 场地准备：把走廊布置成消防队。

4. 人员准备：2 位教师，1 位保育员。

所属板块：角色游戏

活动目标：

1. 培养幼儿了解消防安全常识，火灾扑救常识，重视安全，珍惜生命。

2. 培养幼儿提高自我保护的意识及应对突发事故的能力。

3. 培养幼儿在游戏中进行跑、跳、平衡、攀爬等综合练习，锻炼腿部肌肉和提高运动能力。

活动过程

玩法一：消防演练——灭火

高阶玩法：（适合中大班）

场景地设置及人员安排：

场景一：消防中队（电话接线员 1 名、消防队长 1 名、组员 5 名）。

场景二：火灾现场（火苗 2 名、小火 2 名、大火 2 名、熊熊烈火 2 名）。

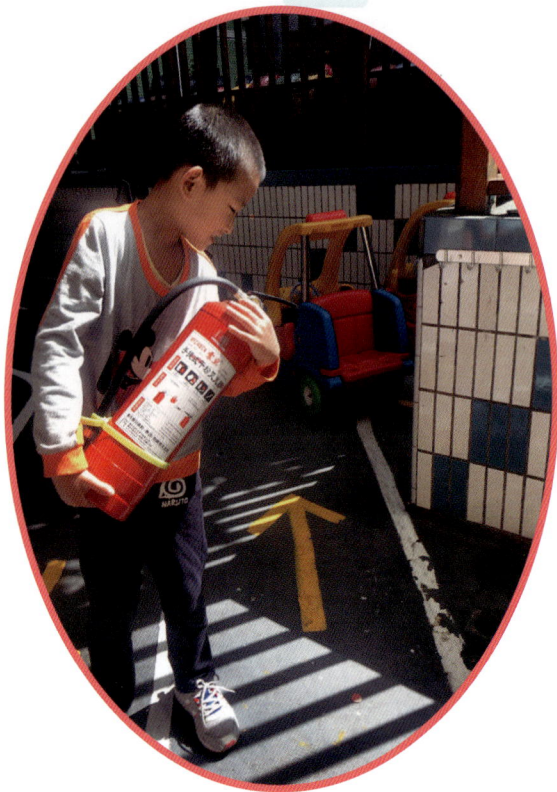

观察：

火灾现场的"火势"出场顺序有点凌乱。孩子们都争先恐后地出来，扰乱了灭火队员对火势的判断，从而使灭火受到阻碍。

支持：

这个时候风向员很重要，高阶玩法时，风向员出示微风就表示火苗和小火出场；风向员出示大风就表示火势大，由大火出场；风向员出示剧烈的风表示由熊熊烈火出场。灭火队员可根据火势的大小进行灭火。低阶玩法时，火势大小将由火灾导视员出示火灾原因图，立即决定出火势大小，一次性灭火成功（火势无演变）。

场景三：火灾预报站（警报员 1 名、风向播报员 1 名）。

过程：

1. 电话接线员接到失火电话或看到、听到发生火灾，确定救火准确地址及火势大小，立即做好登记并马上通知消防队长。

2. 消防队长立即准备好救火工具，分配好救火人员，迅速赶赴火灾现场。灭火抢救人每两个一组，拿不同的灭火工具。如：火苗和小火的灭火工具、大火灭火工具、熊熊烈火灭火工具。

3. 到达现场后，队长根据火势的不同派遣灭火人员灭火。如有伤亡立即拨打 120 急救。如：现场出现火苗和小火提示，队长安排水桶、打湿的棉被等简单灭火工具。现场出现大火提示，队长安排水车、沙土、灭火器等中型灭火工具。现场出现浓烟滚滚的熊熊烈火提示，队长则安排消防云梯、防毒面具等功能强大的灭火工具。

4. 灭火过程中，安排救护人员将受伤人员送往医院。消防人员收拾好所有用品回消防队。

低阶玩法：（适合小中班）

场景设置及人员安排：

场景一：消防中队（电话接线员 1 名、消防队长 1 名、组员 5 名）。

场景二：火灾预报站（警报员 1 名）。

场景三：火灾现场（火灾导视员 1 名）。

过程：

1. 电话接线员接到失火电话或看到、听到发生火灾，确定救火准确地址，根据火灾现场导视员提供的火势大小，立即做好登记并马上通知消防队长。

2. 消防队长立即准备好救火工具，分配好救火人员，迅速赶赴火灾现场（灭火人员根据火势携带相关灭火工具）。

3. 到达现场后，队长指导灭火人员集体灭火（火势无演变进程）。

4. 灭火过程中，安排救护人员将受伤人员送往医院。灭火完毕消防人员收拾好所有工具回消防队。

玩法二：消防演练——疏散与救护

场景设置及人员安排：

高阶玩法：（中大班）

场景一：消防中队（电话接线员 1 名、疏散组长 1 名、组员 5 名）。

场景二：火灾现场救护站（外伤处理人员 2 名，心理咨询人员 2 名，急救人员 2 名）。

1. 接线员接到失火电话，或看到、听到发生火灾，立即确定失火准确地址，并报告疏散组长。

2. 疏散组长组织疏散参与人员。

3. 到达现场后，先疏散着火点的人员，再疏散其他地方的人员（疏散人员每两人一组，分场地疏散）。

4. 疏散过程中，疏散人员提醒群众应沿过道右侧向前弯腰、口捂毛巾通过安全通道并迅速撤离到安全地带。

5. 现场负责人员清点人数，心理咨询人员做好稳定工作。心理咨询人员一人负责心理咨询，一人负责现场稳定工作。

观察：

疏散人员每两人一组，把见到的人群全部疏散到安全地方后，孩子们就不知道该做什么了。

支持：

其实疏散人员除了疏散人群外，还可以协助消防，协助救护，总之就是见事做事。教师也可以通过提供的材料来确定疏散人员的工作职责（如廊道疏散员穿有廊道标志的衣服；安全疏散员穿有安全标志的服装等）。

低阶玩法：（小班）

在场景二的人员安排中去掉心理咨询人员，只安排急救人员 2 名（抬担架的，送重伤患者去

医院抢救的）和外伤救护人员 2 名即可。疏散人员的工作也要相对简单，将救护人群带到安全地带即可。

玩法三：消防员常规训练——身体素质训练

场景设置及人员安排：

消防训练营（教官 1 名、消防员 3～5 名）。

玩法：（小中大班均可）

1. 参与游戏的孩子通过转大转盘选择出教官，消防员由教官选出 3～5 名（根据参加游戏幼儿的多少确定）。

2. 教官确定训练项目：力量训练、速度训练、柔韧训练、团结协作训练。

3. 力量训练：抬担架（小）、推小车（大）。

速度训练：负重跑步（小）、挑战极限（大）。

柔韧训练：传球（小）、穿越火线（大）。

团结协作训练：毛毛虫（小）、装甲车（大）。

观察：

幼儿在活动过程中都喜欢当教官，容易发生争执。

支持：

参与游戏的孩子，可通过转盘、抓阄、愿赌服输等游戏来确定教官人选（其中转盘适合小中大班；抓阄适合中大班；愿赌服输适合中大班）。教官再从其他参与游戏的孩子中选出消防员 3～5 名（根据参与游戏的孩子确定具体人数）。

注意：

这里提供的训练项目都是以游戏的方式进行，其中标注小的表示适合小班，标注大的表示适合大班。教师也可调整游戏的难易度来进行训练（如抬担架，小班时可抬沙袋，大班可抬人）。

活动评价与反思：

幼儿园是幼儿学习和生活的主要场所，也是未成年人大量聚集的特殊场所。他们年龄小，活泼好动，个人表现欲强，自我约束能力差，自我保护、救护能力差。因此，幼儿园的消防隐患一旦存在，威胁的是孩子的安全与健康。本次活动以消防安全为主题，能够让幼儿了解消防安全常识，火灾扑救常识，重视安全，珍惜生命，提高幼儿自我保护的意识及应对突发事故的能力，此外，幼儿在游戏中进行跑、跳、平衡、攀爬等综合练习，锻炼了腿部肌肉和提高了运动能力。

活动八 托马斯维修站

园所：耀星第一幼儿园　班级：大班　实施教师：王寒瑜　指导教师：汪娟

活动名称八：托马斯维修站

活动准备：

1. 物品准备：车子、维修工具：扳手、钳子等。
2. 经验准备：对维修工作有一定的了解。
3. 场地准备：宽敞的户外场地。
4. 人员准备：2位教师，1位保育员。

所属板块：生活体验课程

活动目标：

1. 认识维修工具并熟悉维修的基本工作内容。
2. 能认真履行自己的职责，正确反映角色之间的社会关系。
3. 热情接待火车司机，并根据司机的要求提供相应的服务。

活动过程

玩法一：检查部门

1. 年检时间到，"司机"将火车送到相应部门进行检查。

2．登记进入检查部门。

3．"工作人员"对车身、各零件进行检查。

4．进行分流工作，无问题的送入保养部门，有问题的送入维修部门。

玩法二：保养部门

1．"工作人员"热情接待"司机"，有序指挥"司机"将火车开入保养场。

2．"工作人员"用车刷、抹布擦洗车身。

3．"工作人员"根据车身情况进行喷漆。

4．"工作人员"查看保养情况，"司机"开走火车。

观察：

"司机"在等待洗车时无序导致拥挤。

支持：

教师与幼儿讨论如何解决保养区的拥挤混乱问题，比如可以制定路线、排队保养等。

玩法三：维修部门

1．"工作人员"对维修车辆进行记录，安排"维修人员"进行维修。

2．"工作人员"检查火车故障：车身、车底、螺栓等。

3．"工作人员"找出汽车故障，选择适当的修理工具进行维修。

4．"工作人员"再次检查火车故障是否维修成功。

5．"工作人员"联系"司机"取车，并等待下一辆火车。

观察：

"维修人员"对维修工具的使用不当，比如用榔头使劲敲打车身，会导致车辆损坏。

支持：

教师可示范工具的使用，引导幼儿在维修时注意保护火车。

活动评价与反思：

　　幼儿园社会教育是以发展幼儿的情感和社会性为目标，以增进幼儿的社会认知，激发幼儿的情感，培养幼儿的社会行为为主要内容的教育。教师选择适合幼儿生活经验的内容，以游戏的方式开展社会教育是幼儿社会教育实施的主要途径之一。《托马斯小火车》是幼儿园小朋友非常喜欢的一部动画片，本次活动将车辆维修与《托马斯小火车》结合起来，通过车辆的"检查、保养与维修"等多个游戏环节，让幼儿认识基本的车辆维修工具并熟悉车辆维修的基本工作内容，丰富幼儿的生活体验。

活动九　葱　油　大　饼

园所：清华教鸿幼儿园　班级：大班　实施教师：曾婷　指导教师：胡秋梦

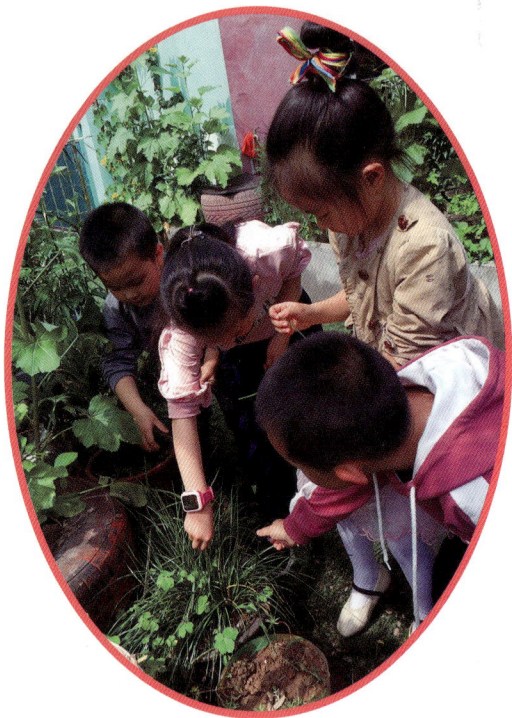

活动名称：葱油大饼

活动准备：

1. 物品准备：葱、泥土、盘子、刀、炒菜锅。

2. 经验准备：幼儿知道制作葱油大饼的基本步骤。

3. 场地准备：幼儿园后花园、操场。

4. 人员准备：2位教师。

所属板块：生活体验课程

活动目标：

1. 幼儿通过仔细观察，探索葱的特征。

2. 使幼儿尝试用泥土和葱制作葱油大饼，锻炼幼儿的动手能力。

3. 使幼儿体验采摘的乐趣并感受大自然的神奇。

活动过程

过程一：采摘葱叶

1. 幼儿进入园所的菜园，一起寻找和辨认葱叶。

2. 幼儿找到葱叶后，仔细观察葱叶的外形特征。

3. 幼儿采摘葱叶。

观察：

有些幼儿平常在家里没有接触过葱叶，不知道在哪里可以找到。

支持：

教师引导幼儿相互讨论、辨认，让熟悉葱叶的幼儿帮助其他的幼儿寻找。

过程二：切葱叶

1. 幼儿将葱叶清理干净带到操作台。
2. 幼儿用塑料刀子把葱叶切成葱花。
3. 幼儿把葱花放在盘子里待用。

过程三：揉面制作大饼

1. 幼儿到花园里寻找泥土。
2. 幼儿在泥土里加适量的水。
3. 幼儿不断搓揉泥土，让泥土变软。
4. 幼儿把揉好的泥土摊成饼状。

观察 1:

幼儿制作大饼时不知道怎样将泥土制作成饼。

支持 1:

教师引导幼儿相互讨论：在制作大饼时我们应该在泥土里加些什么东西让泥土变软？老师示范做大饼，幼儿观看。

观察 2:

制作大饼过程中个别幼儿在泥土里加入了很多水导致大饼不成形。

支持 2:

教师再次示范制作大饼，在制作的过程中告知幼儿制作大饼要加入适量的水，水不能加太多也不能加得太少。

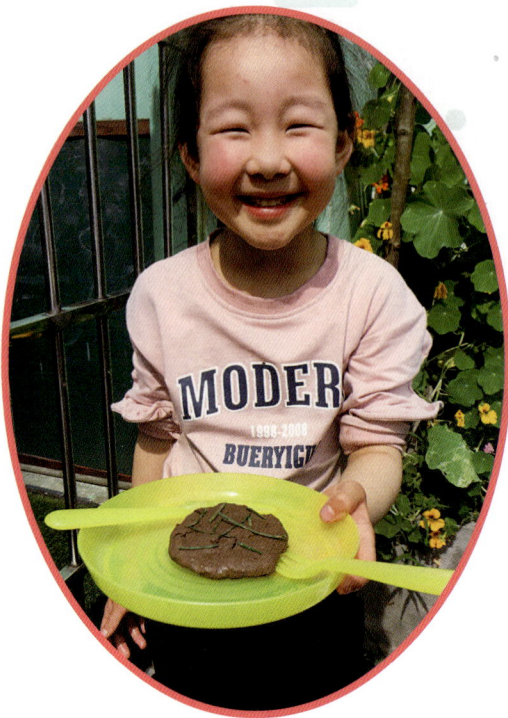

过程四：煎大饼

1. 幼儿在花园里寻找大石头搭灶。
2. 幼儿把锅放在灶上，填上柴火。
3. 幼儿在锅里放适量的油。
4. 幼儿把准备好的大饼放进锅里。
5. 煎好一面后，翻过来再煎另外一面。
6. 大饼煎好后撒上香香的葱花。

活动评价与反思：

    大葱和泥土都是幼儿常见的生活物品，本次活动将大葱和泥土结合，非常贴近幼儿的生活经验，能够有效激发幼儿对生活中常见事物的探索精神。在活动的具体实施过程中，当幼儿在制作大饼遇到困难时，教师应多给幼儿留一些自己解决问题的空间，如个别幼儿在制作大饼时水加多了导致大饼不成形，教师急于把正确的动作方法示范给幼儿，无形中扼杀了幼儿在游戏中的自主探索，在以后的活动中，教师一定要注意留给幼儿足够的自主探索和想象空间，培养他们的探索能力。

活动十 炒 茶

园所：清华教鸿幼儿园　班级：大班　实施教师：陈晓雪　指导教师：汪娟

活动名称：炒茶

活动准备：

1. 物品准备：树叶、锅、模型茶具、石头、装茶叶的筐、报纸。

2. 经验准备：幼儿了解炒茶的方法和基本步骤。

3. 场地准备：小区户外场地。

4. 人员准备：2 位教师。

所属板块：生活体验课程

活动目标：

1. 让幼儿知道炒茶的基本步骤与注意事项。

2. 培养幼儿的手指灵活性和动手操作能力，激发幼儿的合作意识。

3. 让幼儿体验与同伴一起炒茶的乐趣。

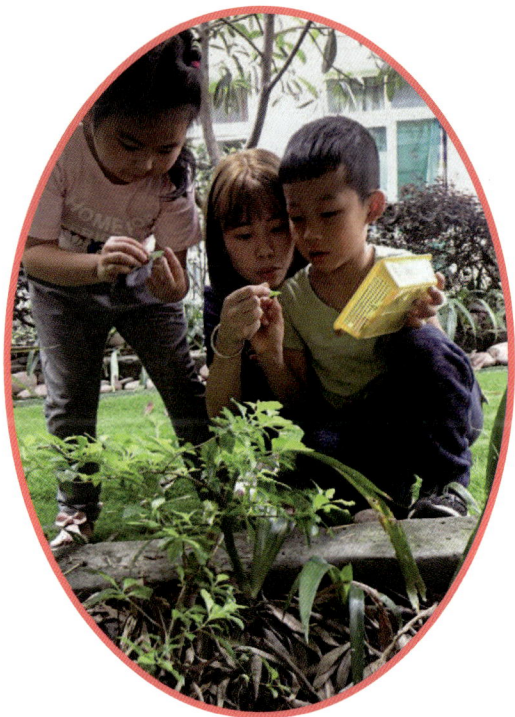

活动过程

过程一：采摘茶叶

1. 教师带领小朋友到操场周围采摘茶叶。

2. 幼儿将采摘的茶叶聚集到老师的大筐里。

观察：

个别幼儿在采摘茶叶时不知道该采茶树哪里的叶子，不会正确地采摘茶叶。

支持：

教师引导小朋友与同伴间相互观察、学习和讨论采茶的方法。

过程二：搭灶台

1. 幼儿到四周寻找可以搭灶台的石头和柴火，并捡回来。
2. 幼儿在教师引导下一起用石头搭灶，并把锅架在灶上。

过程三：炒茶

1. 教师示范炒茶，幼儿观看，了解大致过程：

　　首先将手洗干净，把锅放在灶上，将采摘的茶叶倒进去，不停地用手翻炒，动作要稍微快一些，不然茶叶会烧焦。等翻炒了一会儿之后还要用手一边翻炒一边揉搓，注意不要烫伤手，等茶叶炒干变色时就可以出锅了，出锅时用报纸垫着盛在容器里摊凉。
2. 幼儿动手炒茶。

观察：

有些幼儿在炒茶过程中没有一边翻炒一边揉搓。

支持：

教师示范引导幼儿炒茶时要不停地用手翻炒和揉搓，动作还要稍微快一些，不然茶叶就会被烧焦。

过程四：品茶

茶炒好后烧水，将自己炒的茶叶泡一杯来相互品尝。

活动评价与反思：

中国现代教育家陈鹤琴先生提出"活教育"教学论。"活教育"的目标中提出"做中教，做中学，做中求进步"。此理论基础是由杜威博士提出的从做中来学，在活教育中还提出从做中教，从做中求进步，强调了教师和幼儿共同来做，必要时给幼儿以指导，他们在做与教中取得的直接经验，则是求得进步的主要因素，此过程即体验的过程。茶是我国的传统饮料，在我国，茶的品种繁多，制茶的工艺各种各样，饮茶的方式各不相同，可以说茶蕴含丰富的中国传统文化。本活动通过让幼儿亲自动手摘茶、搭灶台、炒茶、品茶等一系列活动，鼓励幼儿亲自操作、主动体验，使幼儿在为祖国文化自豪的同时，也使幼儿了解了炒茶的基本步骤与注意事项，提高了幼儿的手指灵活性和动手操作能力，激发了幼儿的合作意识。

板块三 "科学" + 游戏化课程

　　幼儿的科学学习是幼儿在解决实际问题的过程中发现和理解事物本质和事物间关系的过程，主要包括科学探究和数学认知。幼儿在对自然事物的科学探究和运用数学解决实际生活问题的过程中，不仅获得丰富的感性经验，充分发展形象思维，而且在感知具体事物基础上初步尝试归类、排序、概括、抽象，逐步发展逻辑思维能力，为其他领域的深入学习奠定基础。

　　科学教育的游戏化指的是科学教育活动的方法、组织形式和手段都要以幼儿自身的特点和规律为依据，在快乐愉悦的游戏中进行，由此才能既适合幼儿发展，又为幼儿所喜欢，且易于幼儿接受。[①] 在游戏中，孩子的好奇心、创造力以及解决问题的能力都比在高控制的集体教学中容易培养。而科学教育最关键的就是呵护孩子的好奇心，培养孩子的创造力，从这一角度看，幼儿园科学教育的游戏化实施是非常必要的，把游戏作为一种活动的形式或手段来组织和实施幼儿园科学教育，可以让孩子好奇、好动、好模仿的特点得到充分发挥，使幼儿在主动活动中学会学习，同时在游戏中学习可以让孩子感受更多的乐趣，从而乐于学习。

　　科学领域的游戏化课程设计需要教师创设良好的游戏环境。良好的游戏环境是渗透着教育者意图、充满智慧和幼儿情趣的生活活动空间。浓厚的科学氛围和适宜、丰富的科学游戏环境是激发幼儿科学探究兴趣、开展科学游戏活动的重要条件。在创设游戏化科学环境的过程中，幼儿园可以根据其自身的地理位置、园所生均面积、条件设备情况因地制宜，高效利用空间，科学设计幼儿户外、公共区域、专用室、班级区域等功能区，进行科学环境多维立体创设，高效开发幼儿园现有场地和器材的教育功能，营造开放、互动的科学游戏环境，独创性地建设科学文化氛围，让置身于其中的幼儿乐于探索、善于学习、勤于动脑、勇于发现，全面提高科学素养。[②]

---

① 万中，刘敏. 幼儿游戏中教师的干预与干涉［J］. 学前教育研究，2013（8）.
② 冯雅静. 幼儿园科学教育游戏化的实施策略［J］. 学前教育研究，2015（3）.

活动一　水　的　秘　密

园所：东海幼儿园　班级：大班　实施教师：刘翠　指导教师：胡秋梦

活动名称： 水的秘密

活动准备：

1. 物品准备：矿泉水瓶 8 个、塑料蘑菇钉 4 个、纸杯 2 个、沙网 2 个、漏勺 2 个、光盘 8 张、PC 管 1 根、盐 100 克、颜料（红）1 瓶、排笔 2 支。

2. 经验准备：幼儿有玩水经验。

3. 情景准备：小水池、做实验的场地。

4. 人员准备：2 位教师，1 位保育员。

所属板块： 科学活动课程

活动目标：

1. 幼儿通过探索，感知水的各种特征。

2. 幼儿与同伴合作完成，并大胆交流自己的发现。

3. 使幼儿对水感到好奇，有强烈的探究欲望。

活动过程

玩法一：安静的水

1. 教师带领幼儿去玩水区。

2. 教师将塑料蘑菇钉放进水杯。请幼儿观察，询问幼儿看到了什么。

3. 教师出示另一个装有沙子的水杯，沙子里藏有另一个蘑菇钉。

4. 请幼儿仔细观察，是否能看到杯子里的所有东西。

探究小结：水是透明的，能看见水里的东西；沙子是不透明的，所以看不见里面的东西。

> **观察：**
> 幼儿看见水很兴奋，没有规则意识，争抢着凑上前观看。
> **支持：**
> 教师提醒幼儿做实验的要求，强调规则意识。

玩法二：调皮的水

1. 教师出示玩水工具（沙网、漏勺），引导幼儿发现水的流动。

2. 幼儿自由玩水后，教师提问：你发现了什么？水去哪儿呢？

3. 幼儿利用光盘、杯子、PC管自由分组探索进行实验，探索发现水流动的方向。

探究小结：水是会流动的。水倒在木板上会四处散开流动；水从杯子里倒出是从高往低处流动；水在遇到障碍物时会改变流动的方向。

> **观察 1：**
> 幼儿完全沉浸在玩水里，没有目标意识。
> **支持 1：**
> 教师提醒幼儿观察思考，水为什么不见了。
> **观察 2：**
> 实验中幼儿不能准确地表达水流动方向。
> **支持 2：**
> 教师引导幼儿学会仔细观察水流动的路线，教给幼儿简单的方位词。

玩法三：神奇的水

1. 教师出示盐、颜料（红色）。

2. 教师请幼儿分组将以上两类物品放入水杯里搅拌。

3. 教师引导幼儿观察水和物品的变化。

4. 教师提问：盐和颜料去哪儿了呢？水发生了什么变化？

探究小结：盐和颜料在水里会溶解。水遇到红色的颜料也变红了。

观察：

幼儿操作时秩序有点混乱。

支持：

教师引导幼儿轮流进行，并且引导幼儿尝试将他们感兴趣的物品放在水里进行观察。

活动评价与反思：

大班幼儿对于科学探究类活动十分感兴趣，他们喜欢动手尝试和操作，能很好地与同伴合作完成，在实验过程中逐渐学会"动手尝试—动脑思考—总结经验"的方法，并最终形成自己的经验。本次活动中幼儿参与的积极性高，且较有秩序，每个孩子都亲自动手尝试实验，在实验过程中逐渐感知水是透明的、流动的、有溶解性的；活动的内容丰富，环节紧紧相扣，活动难易也是层层递进，孩子掌握情况较好，达成了既定目标。

活动的不足：活动结束后幼儿兴趣仍然较浓，时间安排上较仓促，不够灵活，以后可以适当增加实验的时间。

活动二 自 然 测 量

园所：东海幼儿园   班级：大班   实施教师：董丹凤   指导教师：胡秋梦

活动名称：自然测量

活动准备：

1. 物品准备：示范纸一张，笔 1 支。学具：每人一张记录纸，各种测量工具（冰棒棍、筷子、绳子、纸条、毛线等）。

2. 经验准备：幼儿有一定的测量经验。

3. 场地准备：幼儿园的种植区。

4. 人员准备：2 位教师，1 位保育员。

所属板块：科学活动课程

活动目标：

1. 让幼儿探索用自然物测量树干、树枝、树叶的不同方法，知道量具的长短与测量的结果有关。

2. 使幼儿掌握正确的自然测量方法。

3. 让幼儿了解幼儿园里的树木，萌发对树木的关爱。

活动过程

玩法一：尝试正确的测量方法

1. 教师引导幼儿自由讨论：小树的树干有多高呢（目测的方法）？

2. 教师引出测量：我们用筷子来量一量好吗？

3. 教师鼓励幼儿尝试测量：每人拿一支筷子，靠着树干一支一支地往上叠加。

分享总结：我是怎么用筷子来测量树干的?

4. 幼儿再次用筷子以正确的方法测量。

观察1：

幼儿觉得树很高，可是人却没那么高，测量有很大的难度。他们最后想到一起用筷子来测量。

支持1：

教师鼓励幼儿用筷子尝试测量。同时，教师进行个别指导，并记录幼儿测量的结果。

观察2：

幼儿在花园里探索和测量的时候动作有点大，会碰到矮一点的小树。

支持2：

教师在旁边指导，并提醒幼儿在测量时注意保护小树，小心测量。

玩法二：探索"量具"长短与测量结果的关系

1. 幼儿自由取绳子、冰棍棒等不同长度的"量具"测量同一棵树干的高。

2. 教师引导幼儿讨论：测量同一棵树，用怎样的工具量次数多？用怎样的工具量次数少？

得出结论： 测量同一棵树，工具越长量的次数越少，工具越短量的次数越多。

观察：

幼儿不知道如何开始测量。

支持：

教师请两名幼儿来比身高，背对背靠拢，从最底下开始量，测量小树也可以用同样的方法。

玩法三：自由选择工具进行测量

1. 幼儿自由选择"量具"为小树测量。
2. 幼儿互相交流测量情况。

观察：

幼儿在用筷子测量时发现自己手中的筷子不够多。

支持：

教师引导幼儿合作，把每人手中的筷子叠加使用，这样不会受数量的限制。

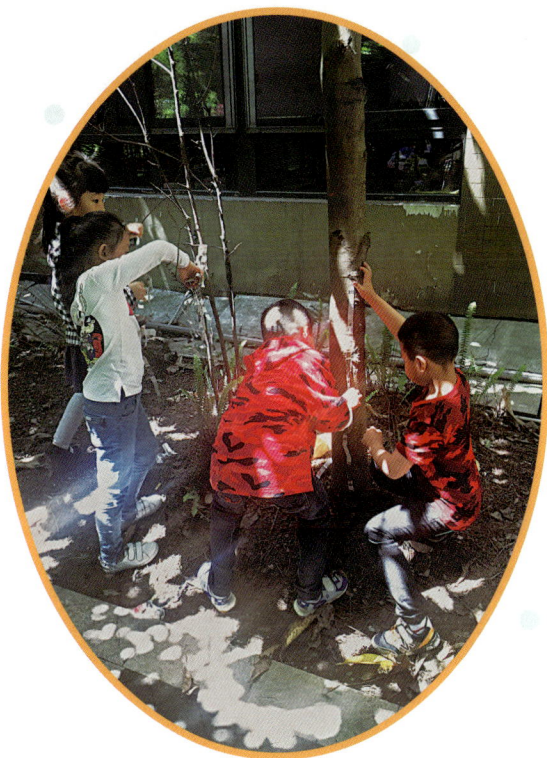

活动评价与反思：

　　本次活动最突出的特点是综合利用和发挥幼儿园现有环境中的有利因素及其潜在的教育功能，引导幼儿用不同工具测量树干、树枝等的长度，激发幼儿展开探索活动，突破了以往同类教学重认知结果轻认知过程的单一模式，让幼儿在与环境的交互作用过程中既获取知识又得到潜移默化的环境情感熏陶。

　　本次活动结合尝试教育，渗透环境教育，较好地体现了幼儿在活动中的主体地位及"在环境中的教育"。材料的提供层次感较强，由浅入深逐步引导幼儿在自主活动中获得知识经验，孩子们为自己在每一次尝试中有所发现而欢欣鼓舞，同时也在不知不觉中让幼儿对园内的树木有了进一步的了解。

活动三 神秘的土壤

园所：东海幼儿园   班级：中班   实施教师：董丹凤   指导教师：汪娟

活动名称：神秘的土壤

活动准备：

1. 物品准备：杯子、土、水源。

2. 经验准备：初步认识土壤、收集土壤，对普通的土壤产生浓厚的兴趣。

3. 场地准备：菜园。

4. 人员准备：2位教师，1位保育员。

所属板块：科学活动课程

活动目标：

1. 让幼儿感知土壤的颜色、软硬度等特点，全面了解土壤上面和下面的世界，以及土壤的其他作用。

2. 使幼儿掌握保护土壤的方法。

3. 培养幼儿动手探究的能力，让孩子们对这个快乐的世界感兴趣。

活动过程

玩法一：采集土壤

1. 教师引导幼儿通过户外采集等途径，收集不同颜色、不同作用的土壤。

2. 教师用小杯子展示幼儿采集的土壤标本。

3. 教师引导幼儿自由观察、比较，探索土壤的不同之处。

观察：

幼儿发现有的泥土很硬，有的泥土很软；有的泥土是黑色，有的是褐色。

支持：

教师与幼儿一起对泥土进行分类，在这个过程中了解与泥土相关的知识。

玩法二：泥土里有什么

1. 教师引导幼儿在泥土里寻找和发现各种动植物。

2. 教师鼓励幼儿用图文结合的方式画出寻找到的物体，并制作成卡片。

观察：

幼儿对怎样用画笔来表达自己看到的事物有一定的难度。

支持：

教师引导幼儿可以用符号来表示小虫、小草等。

玩法三：做实验

1. 教师引导幼儿将水倒入每人一个的小杯子里并搅拌，观察土壤怎么了（成了像冲剂一样的东西，得出结论：土壤会悬浮在水里）。

2. 教师与幼儿一起讨论：怎样保护土壤，不让土壤被水冲走？

观察：

幼儿对把硬的泥土颗粒浸泡在水里这个过程非常感兴趣。

支持：

1. 教师引导幼儿讨论、总结泥土在水里会发生什么样的变化。

2. 教师引导幼儿讨论保护土壤的科学方法。

活动评价与反思：

　　幼儿的科学学习是在探究具体事物和解决实际问题中，尝试发现事物间的异同和联系的过程。在活动的准备阶段，教师并没有按照以往一贯的做法自己去收集、准备活动所需要的各种材料，而是引导、支持幼儿去寻找、收集土壤，将活动材料的准备过程变成了孩子学习、积累的过程。在这个活动中，教师注重让幼儿接触大自然，激发其好奇心和探究欲望，让幼儿对生活中的现象和事物感兴趣。

　　幼儿的兴趣点是他们主动学习的起点，由幼儿的兴趣点引发的教育才能成为幼儿主动学习的内部动机。此次活动由于是幼儿自己去采集并观察泥土，因此幼儿对于泥土的种类、特点及作用有了一定的了解，并且在这个过程中对泥土产生了浓厚的兴趣。因此，有了兴趣与前期的知识经验作基础，幼儿在整个活动过程中的注意力非常集中。在这个活动中教师力求做到真诚地接纳、多方面支持和鼓励幼儿的探索行为。此外，在活动中教师要容忍幼儿因探究而弄脏、弄乱，甚至破坏物品的行为，引导他们活动后做好收拾整理。

活动四　金秋桂花香

園所：博雅香港城幼儿园　班级：中班　实施教师：谢培慧　指导教师：李丹

活动名称： 金秋桂花香

活动准备：

1. 物品准备：不同种类的桂花、布料、剪刀、针线、砂糖。
2. 经验准备：对桂花有一定的认识与感知。
3. 场地准备：户外活动区。
4. 人员准备：2位教师，1位保育员。

所属板块：科学探究

活动目标：

1. 让幼儿了解桂花，掌握不同种类桂花的颜色、形状、香味等。
2. 让幼儿掌握桂花的不同用途，尝试制作香包、桂花茶。
3. 使幼儿能与同伴积极交流，合作做好观察记录。

活动过程

玩法一：桂花在哪

1. 幼儿自主寻找桂花，观察不同类型的桂花。
2. 教师引导幼儿从颜色、形状、香味观察不同种类的桂花。
3. 幼儿用语言描述不同种类桂花的特征。

观察：
在自主观察过程中，大多幼儿简单地从桂花的颜色、外形进行观察。
支持：
教师引导幼儿从桂花颜色、花瓣形状、香味及桂花树的外形等不同维度观察不同种类的桂花，以便能加以区分。

玩法二：制作桂花香包

1. 教师带领幼儿采摘桂花，共同讨论桂花的用途（香包、桂花茶等）。

2. 教师与幼儿共同学习制作桂花香包的步骤。

3. 教师与幼儿共同缝制香包。

制作步骤：

1. 教师引导幼儿在桂花树下铺上干净的布，采摘新鲜的桂花。

2. 教师引导幼儿将采摘的桂花放在盆里，拣去杂质并淘洗干净，放在阳光下晒干。

3. 桂花晒干后，教师与幼儿共同缝制不同形状的香包。

观察：

在教师与幼儿共同学习如何制作桂花香包时，幼儿不清楚制作流程和方法，比如如何收集桂花，如何晾晒桂花，如何放入适量的桂花等。

支持：

教师针对幼儿在制作桂花香包过程中出现的困惑，提供相关的书籍及电子资源帮助幼儿加以解决。

玩法三：香喷喷的桂花茶

1. 教师与幼儿共同学习如何制作桂花茶。

2. 教师与幼儿共同准备食材、泡制桂花茶。

3. 教师与幼儿共同品尝桂花茶，并与同伴分享。

观察：

在与幼儿共同学习如何制作桂花茶后，教师重点在于观察幼儿在实践中如何操作，比如如何采摘桂花，如何晾晒桂花，如何泡制香喷喷的桂花茶。

制作步骤：

1. 教师引导幼儿在桂花树下铺上干净的布，采摘新鲜的桂花。

2. 教师引导幼儿将采摘的桂花放在盆里，拣去杂质并淘洗干净，放在阳光下晒干。

3. 教师引导幼儿将晒干的桂花茶放入杯中，加入少许砂糖、适宜温度的水即可。

支持：

针对幼儿在实践中出现的困惑，提供书籍或电子资源以帮助幼儿加以解决。此外，引导幼儿观察桂花在采摘时、晾晒完、泡制时形态的变化，引导幼儿观察与记录。

活动评价与反思：

　　生活中蕴藏着许许多多科学的奥秘，科学的世界丰富多彩。保护幼儿的好奇心，激发幼儿的探究兴趣，培养幼儿初步的探究能力不是一蹴而就的事情，需要我们幼儿教师长期不懈的努力。教育家陈鹤琴先生曾经说过："要选择幼儿在生活中看得见、摸得着、感兴趣的科学教育内容"。此次科学活动，教师选择了幼儿生活中常见的桂花，通过与幼儿一起认识桂花，寻找桂花，制作桂花香包以及制作、品尝桂花茶等一系列的活动，让幼儿全方位地了解他们生活中常见的事物，激发幼儿对身边事物的探索兴趣，让幼儿体验探究过程，促进幼儿的主动探究能力。

活动五 家乡的桥

园所：钢城实验学校附属幼儿园　班级：大班　实施教师：唐鹰、张爽、刘滔
指导教师：姜利琼

活动名称： 家乡的桥

活动准备：

1. 物品准备：桥的图片、吸管、吸管连接头、雪花片。
2. 经验准备：幼儿了解家乡重庆是有名的桥都，桥在幼儿的日常生活中起着重要的作用，让孩子把家乡的特色和自己的生活经验相结合，用建构的形式大胆地表现和创新。
3. 场地准备：把操场的一个区域布置成建构区。
4. 人员准备：2位教师，1位保育员。

所属板块： 科学探究

活动目标：

1. 使幼儿能够按照要求进行有目的的建构活动。
2. 使幼儿能够合理利用材料，用垒高、围合等技能拼搭出建构物，培养他们的创新意识。
3. 使幼儿能积极参与团队合作，体验建构活动的乐趣。
4. 激发幼儿对家乡的热爱。

活动过程

玩法一：家乡的桥

1. 区域活动前，教师先向幼儿介绍建构区中提供的材料：吸管、吸管连接头、雪花片。

2. 图片引入：

教师展示家乡有特色的桥的图片。

教师提问："你们知道这些桥的名字吗？你们去哪里的时候经过了这些桥？"

请幼儿说一说，并仔细观察图片，说说每一座桥有什么不同之处。

3. 幼儿参与讨论：

桥在我们生活中都有什么重要的作用？

观察：

游戏时，有的幼儿在做与游戏不相关的事情。

支持：

教师给予语言的支持：宝贝，你可以去帮助他们吗？他们需要你的帮助。

4. 幼儿自主建构：

幼儿按照自己的意愿进行自由分组，并有秩序地拿取建构材料到指定的地点进行建构游戏。教师巡回指导有困难的幼儿并收集活动资料。

5. 展示分享：

参观各组建构作品，交流和分享建构中的经验和困难，以及讨论解决的方法。

6. 游戏结束，幼儿有序整理材料。

观察：

当幼儿的桥建到一半时，桥却无法立起来。

支持：

教师寻找有能力的幼儿进行示范，引导其他幼儿学习正确的搭建方式。

玩法二：自由搭建

1. 幼儿按照自己的意愿进行自由分组，并有秩序地拿取建构材料到指定的地点进行建构游戏。教师巡回指导有困难的幼儿并收集活动资料。

2. 幼儿按照自己的想法搭建建筑物。

3. 展示分享。

活动评价与反思：

重庆是有名的"桥都"，幼儿在生活中也经常接触各式各样的桥。本次建构活动以"家乡的桥"为主题，非常贴近幼儿的生活经验，也能激发幼儿对家乡的热爱。游戏过程中，幼儿不停地做着各种动作，一些精细动作对手指灵活性的要求颇高，幼儿手部小肌肉得到了充分的锻炼。大班幼儿通过自由建造各种建筑，学会了组合、堆积、插接、镶嵌、排列等建构的基本技能。在活动中，幼儿遇到问题时不会马上求助老师，而是自己开动脑筋想办法或者寻求其他幼儿的帮助。他们在建构游戏中反复地试验，学会了吸取一些失败的教训和经验，最后找到解决问题的方法，一定程度上锻炼了幼儿的独立性和自主性。

活动六 沙子的秘密

园所：蓝天齐爱幼儿园　班级：大班　实施教师：苏玉霜　指导教师：周红

活动名称： 沙子的秘密

活动准备：

1. 物品准备：《玩沙规则》广告牌、铲子、耙子、小木勺、篮子、带洞的生日蛋糕纸盘、带洞的纸杯、磁铁、暗扣、蘑菇钉、水管拼插玩具做成的枪、大的不锈钢盆、锅盖、收纳箱盖子、气球、医生工作服、医生帽或者医生手术帽、听诊器、海洋球、水果玩具。

2. 经验准备：幼儿了解工兵、医生、护士等工作职责，学会基本分工合作。

3. 场地准备：黑沙池、白沙池、埋好"气球地雷"的沙池。

4. 人员准备：2位教师，1位保育员。

所属板块： 科学探究课程

活动目标：

1. 让幼儿探索感知沙的属性，乐于动手动脑、发现和解决问题。

2. 让幼儿提升细节观察力和思维力，能利用工具发现并取出沙里掩埋的物品。

3. 让幼儿发展挖、埋等大肌肉运动能力和捏、拿等小肌肉运动能力。

4. 让幼儿体验完成排雷、寻宝、分豆任务后的成就感。

活动过程

玩法一：排雷工兵队

1. 幼儿自由选择工兵或者医护人员的角色，分成排雷工兵队6人、医护队2人，排雷工兵队选出一名队长。

2. 排雷队队长将队员分成红队3人和蓝队3人，幼儿自由选择铲子、耙子等排雷工具。

3. 红蓝两队各选择一条插满彩旗的"地雷区"，

> **观察1：**
> 幼儿将有水的气球挖出来，表示"被炸伤"，但有幼儿没玩够，就耍赖，偷偷将地雷放一边，继续挖下一个地雷，被对方抓住，由此引发矛盾。
>
> **支持1：**
> 教师重申游戏规则，引导幼儿学会遵守游戏规则，不能耍赖，不能存有侥幸心理。

里面随机埋了5个气球（装水的气球为"哑弹"，没装水的气球为可以爆炸的"真地雷"）。

4. 用工具挖出彩旗下的地雷，如果是装水的气球，则可以继续排雷，如果是没装水的气球，表示地雷被引爆，这名工兵已经"受伤"，退出沙池去接受治疗，医护队成员为伤兵包扎伤口。

5. 本队其他"工兵"继续完成任务，伤兵可以在休息一定时间后继续游戏。

6. 先完成排雷任务的队伍为胜利队。

观察2：

医生职责不明确，不能坚守自己的岗位，容易被排雷现场所吸引。

支持2：

教师鼓励幼儿坚守自己的岗位，当"伤员"来时，学会询问"伤员"的伤势、受伤部位等，使幼儿更加明确自己的职责，增加对医生、护士等职业的了解。

观察3：

幼儿挖沙时较用力，一不小心会撒到另一个小朋友身上。

支持3：

教师重申玩沙规则，正确使用铲沙工具，并示范挖沙，注意在挖沙时动作要轻，不要撒到小朋友身上或者眼睛里。

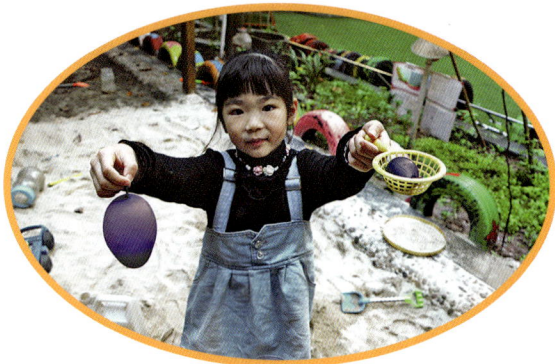

玩法二：沙地战事

1. 幼儿自由选择，组成人数相当的红队和蓝队，分别选出一名队长并选择黑沙池和白沙池。

2. 幼儿选择沙滩玩具：耙子、铲子、小木勺、水管拼插玩具做成的枪、大的不锈钢盆、锅盖、装水的气球（炸弹）等。

3. 红队进入黑沙池，蓝队进入白沙池，分别由队长指挥"战士们"修筑战地工事，挖出一条长长的战壕（长度要够每个人站进去），幼儿能蹲下去的宽度为战壕的宽度，两队的战壕是平行的，双方站着面对面。

4. 幼儿将挖出的沙堆成堡垒，并插上自己的队旗，双方开战，战士在战壕里向对方开"枪"，丢"炸弹"，用大的不锈钢盆、锅盖、收纳箱盖子等作为盾牌保护自己。

5. 如果"炸弹"掉进了战壕，在炸弹左右的2

观察1：

水管拼插玩具做成的枪，容易散掉，幼儿需要现场拼插，影响了幼儿的兴致和气氛。

支持1：

课外延伸亲子作业——制作木枪、纸枪或者用水枪来代替拼插玩具枪。

观察2：

幼儿挖战壕时没有按照设计的方向去挖，没有合作好，队友把自己的战壕挖断，堵住了去路。

支持2：

教师引导幼儿讨论怎样合作才能修筑一条长长的连贯的战壕，观看影视《彭德怀》挖战壕，修筑战地工事片段。

观察 3：

丢"炸弹"时会打到其他幼儿的头或者身体，气球爆了，衣服就打湿了。

支持 3：

引导幼儿重新讨论并制定游戏规则，将"战壕"作为攻击目标，而不是打到某个人身上，对方的防守就是要用工具接住"炸弹"，不让"炸弹"掉进战壕里为目标。

观察 1：

幼儿为了争得荣誉，当别的小朋友快要挖出"宝藏"，另一个小朋友赶快去抢，说是自己挖出来的，由此产生矛盾。

支持 1：

教师引导幼儿共同合作，专人专事，一人负责专门铲，一人负责捡出来，培养幼儿合作的团队意识。

观察 2：

幼儿找宝藏时，先用铲子挖一下，然后就放弃了，又换一个地方，又放弃了，结果一无所获。

支持 2：

教师给幼儿讲考古专家考古的故事，考古专家会事先观察地形，用探测器探测等，从而引导幼儿先观察比较沙的颜色，当它的颜色比其他沙的颜色要深时，说明沙子被

个人被淘汰，只能在战壕外作战。

6. 游戏进行到其中一队的战壕没有人，"战争"结束，战壕还有"幸存者"的为胜利的一队。

玩法三：你藏我找——宝藏山

1. 幼儿自由分成红黄两队，人数相当，分别进入黑沙池和白沙池两座"宝藏山"。

2. 由红队将 20 颗海洋球（作为宝藏）藏进白沙池中，黄队闭着眼睛倒数 10 秒后，红队退出白沙池，黄队将 20 颗水果玩具（作为宝藏）藏进黑沙池，红队倒数 10 秒后，黄队退出黑沙池。

3. 两队自由选择工具（铲子、耙子、小木勺等），红队进入黑沙池，黄队进入白沙池铲沙，挖出宝藏。

4. 在规定的时间内，找到"宝藏"多的一队为胜利队。

动过，可能藏有宝藏，要坚持挖出来，不能只动皮毛，要挖深一点。

观察3：

幼儿将"宝藏"藏好后，对方在规定的时间内来找，找出的数量总是与放进去的数量不一致，导致游戏结束时，玩具没有被完全找到，不能放回原处。

支持3：

教师引导幼儿重新制定游戏规则，不限定时间，限定"宝藏"的数量，比比谁在最短的时间内挖出相同数量的"宝藏"，宝藏数量必须和藏进去的数量一致，这样就不会再遗留玩具在沙池里了。

玩法四：沙豆分离

1. 幼儿自由分成红黄两队，人数相当。

2. 由红队将50颗蘑菇钉藏进白沙池中，由黄队将50颗暗扣藏进黑沙池中。

3. 两分钟后，红队自由选择工具（铲子、耙子、小木勺、篮子、带洞的生日蛋糕纸盘、带洞的纸杯、磁铁等）进入黑沙池。

4. 黄队自由选择工具进入白沙池。

5. 两队将"沙豆"进行分离，可以直接用手指捡豆豆，或者用勺子舀豆豆，或者用筛子筛豆豆、或者用磁铁吸。

6. 比比哪队在最短的时间内挖出相同数量的"宝藏"（50颗），用时最短的为胜利队。

观察1：

幼儿用手指一颗一颗捡出小小的蘑菇钉，时间久了，就失去了耐心，一把一把往盆子里放，导致小蘑菇钉和沙子分离不干净。

支持1：

教师给幼儿提供一个带小漏洞的筛子，进行二次分离，让蘑菇钉和沙子分离得更干净，从而引导幼儿比较是手指捡得快，还是筛子筛得快，通过对比发现最高效的工具，进一步体会沙子的属性。

观察2：

幼儿一次又一次地将混有蘑菇钉的沙装进篮子里，结果沙子和蘑菇钉都漏出去了。

幼儿分离蘑菇钉时摇晃太猛。

支持2：

教师引导幼儿观察蘑菇钉为什么都漏出来了，要换什么样的工具才能够成功分离。

观察3：

幼儿发现用磁铁来分离暗扣和沙，暗扣会粘在磁铁上，分离得干净又有趣，于是磁铁非常抢手，数量上显得不够。也有幼儿用磁铁去吸蘑菇钉（塑料的），发现吸不上，心中充满疑惑。

支持 3：

教师引导幼儿分工合作，用手指捡、筛子筛和磁铁吸，看看哪种工具最高效，分离得又快又干净。

活动评价与反思：

　　沙子无穷无尽的形态和玩法从本质上满足和发展了儿童内在的需求和操作中的创造性。心理学家认为，玩沙不仅是游戏，还对幼儿的成长有很多的益处。玩沙可以练习幼儿手的协调性，促进幼儿手部肌肉发展，发展幼儿的创造力，增加幼儿对空间关系的认知能力。此外，玩沙还能让幼儿经历健康的情绪情感体验，可以促进他们之间的交往、合作，形成自觉遵守规则的良好氛围。玩沙能帮助他们形成良好的个性品质，还可造就他们坚强勇敢、不怕困难、积极向上、不怕挫折的意志品质，可以很好地提高他们的心理适应能力。本次活动中教师通过创设"排雷工兵队""沙地战事""宝藏山"等有趣的游戏情境，让幼儿在快乐游戏中体验了玩沙的乐趣。

活动七 生日派对"不一样的礼物"

园所：蓝天齐爱幼儿园　班级：中班　实施教师：李菊芳　指导教师：杨兴国

活动名称：生日派对"不一样的礼物"

活动准备：

1. 物品准备：树叶、皮球、漏洞的瓶子容器、水管、水枪、小桶、空瓶、吸管、橡皮筋、小黄鸭玩具、积木、海洋球、彩色吸管、饼干模具、沙滩玩具、玩水玩具、铁盆、小蜜蜂、小推车、假币、音乐《祝你生日快乐》、生日蛋糕盘子、塑料蛋糕刀、盒子、蛋糕盒子和纸板等。

2. 经验准备：幼儿会使用沙滩玩具、有参加过生日派对的经验。

3. 场地准备：戏水池、沙池。

4. 人员准备：2 位教师，1 位保育员。

所属板块：沙水探究课程

活动目标：

1. 使幼儿学会正确使用沙滩、玩水工具。

2. 利用水运输相应的材料，和玩沙的幼儿共同合作，灵活地将沙和水结合，进行创造，制作蛋糕。

3. 使幼儿了解制作蛋糕的流程，知道开生日派对的流程。

4. 使幼儿熟悉码头搬运工和老板、促销员的工作职责。

5. 培养和增强幼儿的合作意识。

活动过程

玩法一：码头搬运工

1. 幼儿自由选择分成红队和蓝队，分别进入玩沙池和玩水池。

2. 红队直接将玩水玩具、小黄鸭玩具、积木、海洋球、彩色吸管等材料，通过水流的运输，从水渠的左边运输到右边；码头搬运工将运输

观察 1：
由于水渠有弯道，偏窄，幼儿选择了装材料的盆当作小船进行运载，结果卡住了，幼儿尝试几次后，选择放弃，造成了"交通"堵塞。

支持 1：
教师给幼儿提供稍小一点的盆，重新装载，顺利通过。

观察2：

幼儿在用积木当船装载材料时，"货物"容易掉进水里打湿。

支持2：

利用集中教育课时，教师让幼儿观赏影片片段，了解码头装载货物的方法，如叠加、码放、上货、下货、搬运等。

观察3：

幼儿对单一地将玩具、钱币放入水中漂流，或者将积木当船装载"货物"的玩法已经熟练，并失去兴趣。

支持3：

教师加大游戏难度，引导幼儿进一步造"小船"，如用橡皮筋将2个矿泉水瓶子、2个积木绑在一起，增加船的面积，装载的东西变多，更稳，也不会把东西弄湿。

观察1：

幼儿做一层蛋糕，将小桶、小盆扣过来时，沙土有点散。

支持1：

教师引导幼儿使用细沙或者用水打湿沙子，使沙子的稳定性更强（沙水结合）。

观察2：

幼儿都停留在一层蛋糕的制作上。

支持2：

教师以顾客的身份对幼儿提出要求，订做2层或者3层蛋糕，根据孩子的能力和经验提出适宜的要求。

过来的材料搬上岸，放进小推车内，以免水渠堵塞。

3. 利用承载物（积木、小盆、矿泉水瓶等容器）运输材料；从水渠的左边运输到右边；码头搬运工将运输过来的材料搬上岸，放进小推车内，以免水渠堵塞。

4. 码头搬运工搬完材料，就找相应的"老板"领取"工资"。

5. 蓝队利用小盆、小桶制作蛋糕模型；运用搬运工搬运过来的材料装饰蛋糕。

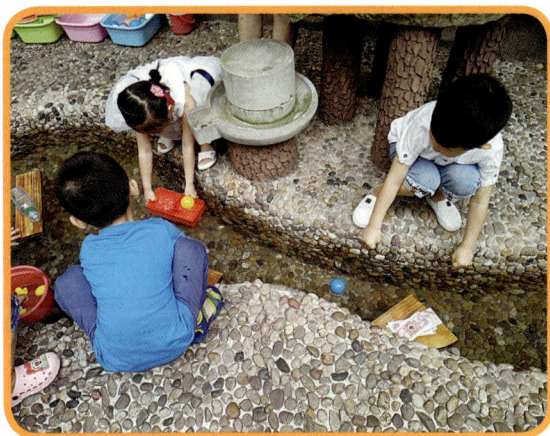

玩法二：蛋糕展销会

1. 幼儿自由选择分成红队和蓝队，分别进入玩沙池和玩水池。

2. 蓝队利用小盆、小桶装满沙拍紧按实，扣过来，制作成蛋糕模型。

3. 红队每人找到蓝队的1个伙伴，并运用红队搬运工搬运过来的材料共同装饰蛋糕。

4. 做和别人不一样的蛋糕，红队作为"老板"，招募蓝队的成员做为"顾客"。

5. 红队的"老板"负责吆喝，介绍蛋糕的成分和制作方法，明码标价，负责收钱，给蛋糕取名字。

6. 蓝队的"顾客"上门买蛋糕，付款后，老板打包，用大纸板将蛋糕铲起，放进蛋糕盒子里，让顾客带走蛋糕。

观察 3：

幼儿在打包时，蛋糕上的装饰就会掉下来，蛋糕也会塌下一小块。

支持 3：

教师让幼儿欣赏短片蛋糕的制作过程，学习制作流程，蛋糕模型做好后，直接放在纸板上，然后做装饰，就比较好打包了。

玩法三：生日派对

1. 教师邀请礼物运输队、搬运工、老板、促销员一起来参加教师的生日派对。

2. 教师邀请一名幼儿当成生日"蜡烛"，将自己的脚埋进沙池里。

3. 其他幼儿往"蜡烛"的脚边堆沙成一个蛋糕，并用海洋球、吸管、圆柱形的积木、树叶等做蛋糕的装饰。

观察：

幼儿在切蛋糕时，蛋糕容易散。

支持：

教师提供扇形的模型，让蛋糕很早就分开，或者提供细沙、湿沙等。

4. 生日派对开始了，当音乐《祝你生日快乐》响起，"蜡烛"的双手在胸前合十，慢慢上举至头顶，手从两边打开。

5. 大家唱完生日歌，教师当"寿星"，大声许愿后，和幼儿一起吹"蜡烛"。当"蜡烛"的幼儿，慢慢地蹲下去，双手合拢，表示"蜡烛"燃烧得越来越短，熄灭了。

6. 幼儿轻轻拔出"蜡烛"，用蛋糕刀切蛋糕，用蛋糕盘子装蛋糕，大家一起分享蛋糕。

活动评价与反思：

　　沙、水是自然界中最易获取的资源。幼儿满手沙粒，沙子和水洒在身上、地上，令不少成人生畏而阻止幼儿们靠近。殊不知，幼儿在玩沙、玩水中，愉快、激奋的情绪得以产生，大胆、丰富的创造力与想象力得以实现，身体动作的力度与协调性得以增强。他们在舀水、拍打水、把水注入容器中感受水的流动，掌握水的特性；在堆沙、挖道、筑墙中体验沙的松软、了解沙的可塑性。经历这番情景之后，我们不得不感叹，最易获取的资源带来的却是最大的教育效益。此活动以"生日礼物"为游戏情境，将沙、水有效结合，让幼儿最大限度地体验到玩沙和水的乐趣。作为教师应该抓住各种机会，利用沙、水游戏灵活、随机、有目的地对幼儿进行培养，让孩子真正成为游戏的主人，让游戏点亮幼儿快乐的童年。

板块四　"艺术"+游戏化课程

　　艺术是人类感受美、表现美和创造美的重要形式，也是表达自己对周围世界的认识和情绪态度的特有方式。每个幼儿的心里都有一颗美的种子。幼儿艺术领域的学习关键在于充分创造条件和机会，在大自然和社会文化生活中激发幼儿对美的感受和体验，丰富其想象力和创造力，引导幼儿学会用心灵去感受和发现美，用自己的方式去表现和创造美。

　　艺术领域游戏化课程的设计要遵循幼儿身心发展规律和幼儿园艺术领域特点，从艺术领域活动入手，以幼儿的生活经验和审美需要为基础，有目的、有计划地选择游戏化的课程内容。在实施游戏化美术活动时，首先要让幼儿在活动中感受，在游戏推动下表现，其次在教师的引导中不断探索。教师选择为孩子提供积极有趣的游戏，准备美术活动中所必需的物体，让幼儿探索想象创造。让幼儿在轻松愉悦的艺术活动中感受美、热爱美、享受美、创造美，从而使幼儿成为乐"玩"、会"玩"的"玩"美儿童。此外，在注重游戏化的同时，也不能过多注重"游戏"而忽视美术活动的主体内容。

活动一 疯狂的石头

园所：钢城实验学校附属幼儿园　班级：大班　实施教师：李燕、张爽、宋丽俐
指导教师：刘晓红

活动名称： 疯狂的石头

活动准备：

1. 物品准备：画笔若干、颜料、水桶、罩衣、各种形状的鹅卵石。
2. 经验准备：让幼儿大胆想象创作，运用颜料对石头进行装饰、造型。通过宽松自由的活动形式，满足幼儿玩的兴趣，尝试感受石头画的艺术美，石头多变的造型空间。
3. 场地准备：户外区域操场，石头装饰欣赏画，各种颜料。
4. 人员准备：2位教师，1位保育员。

所属板块： 艺术创意

活动目标：

1. 培养幼儿大胆在石头上作画，创造新颖的形象，学会应用线条和色块进行装饰。
2. 培养幼儿乐于参加美术活动，体验作品成功的快乐。
3. 培养幼儿运用各种辅助材料来装饰石头，体验石头作画的乐趣。

活动过程：

玩法一：美丽的石头画

1. 教师出示石头进入主题。
2. 教师出示课件"疯狂的石头画"造型图片，引导幼儿欣赏石头画。
3. 幼儿相互交流讨论，说说自己想如何进行石头的装饰、造型。
4. 教师讲述活动要求：注意衣物及地面的整洁、活动中的安全注意事项、材料的运用。
5. 幼儿挑选自己喜欢的石头自主操作尝试作画、造型，发展幼儿的创造力、想象力。
6. 教师巡回观察做记录，并适时对个别幼儿进行指导，引导幼儿大胆想象，绘画出各种美丽的石头画。
7. 幼儿展示自己的作品，教师加以点评、鼓励。
8. 集中欣赏、交流，体验成功的乐趣，感受石头画的艺术美。
9. 收拾整理好游戏活动中的所有材料。

观察 1：

个别幼儿在作画时只用单一的颜色，不知道用多种颜色进行装饰。

支持 1：

教师提醒幼儿多用各种鲜艳颜色去装饰石头，发挥自己的想象力，怎样让石头画更美。

观察 2：

在绘画中幼儿不注意把画笔洗干净，涂色时就会与其他颜料覆盖在一起，画面看起来很脏。

支持 2：

教师提醒幼儿在绘画中更换颜色时一定要把画笔洗干净，并把画笔的水甩干，再涂其他颜色，这样的石头画才干净、漂亮，色彩更鲜明。

活动评价与反思：

石头在日常生活中随处可见，能观赏，能玩游戏，在我们的河边、马路、山上、造房子等地方都可以看见它们，这些不起眼的石头都是孩子们的最爱。本次活动将石头与美术有效结合，让幼儿在石头彩绘的过程中欣赏和创造生活中的美。活动中，由于幼儿对美术的感受能力不一，个别幼儿不能较好地运用线条、色彩来进行作画，比如色彩不一，配色不够鲜明等。教师要多进行个别引导，让幼儿带着问题去观察，在观察中发现问题并解决问题。

活动二 手 工 坊

园所：钢城实验学校附属幼儿园　班级：中班　实施教师：张耀文

指导教师：王善安

活动名称：手工坊

活动准备：

1. 物品准备：画笔、水粉颜料、形状图片、碗、罩衣、调色盘。

2. 经验准备：幼儿有使用画笔和上色的经验。

3. 场地准备：游戏区。

4. 人员准备：2 位教师，1 位保育员。

所属板块：艺术创意

活动目标：

1. 培养幼儿美术观察的兴趣和习惯，在游戏中学习点、线、圆形、正方形、长方形等简单物体的画法。

2. 引导幼儿认识红、黄、蓝、绿、黑、褐、白等颜色，选用多种颜色绘画。

3. 引导幼儿根据自己的经验和技能，用绘画表达自己的情感，从中获得快乐和自信。

4. 促使幼儿乐意参加绘画活动，养成大胆作画的习惯，体验绘画活动中的乐趣。

活动过程

玩法一：小小雕花师

1. 教师带领幼儿到游戏区，引导幼儿观察、了解碗制作过程。

2. 教师介绍笔和颜料的使用方法。

3. 教师引导幼儿了解颜色和形状、点、线的画法。

4. 幼儿自主交流，分配人数。

5. 幼儿开始作画，在碗上画上三角形、点、直线、正方形、长方形等形状和线段。

观察 1：

幼儿画碗时，在进行角色分配时，不知怎么合理地分配角色。

支持 1：

教师介入引导：哪位宝贝喜欢画形状和线段呢，哪位宝宝认识颜色，我们帮帮他蘸取颜色好吗？

观察 2：

画碗时，颜色混合在一起。

支持 2：

教师引导幼儿：宝贝你看，蓝色画完以后，应该再画什么颜色呢？再用红色画，不然我们两个颜色混在一起就不好看了。

玩法二：涂色大王

1. 教师向幼儿讲解如何均匀涂色。
2. 幼儿自主分配人数。
3. 幼儿涂色。
4. 幼儿展示并鉴赏作品。

观察：

展示作品时，幼儿很害羞，不敢大胆地说出自己的想法。

支持：

教师鼓励幼儿：宝贝们！我们是小小设计师呢，我们要勇敢一点呢！我们来介绍下自己的作品吧！

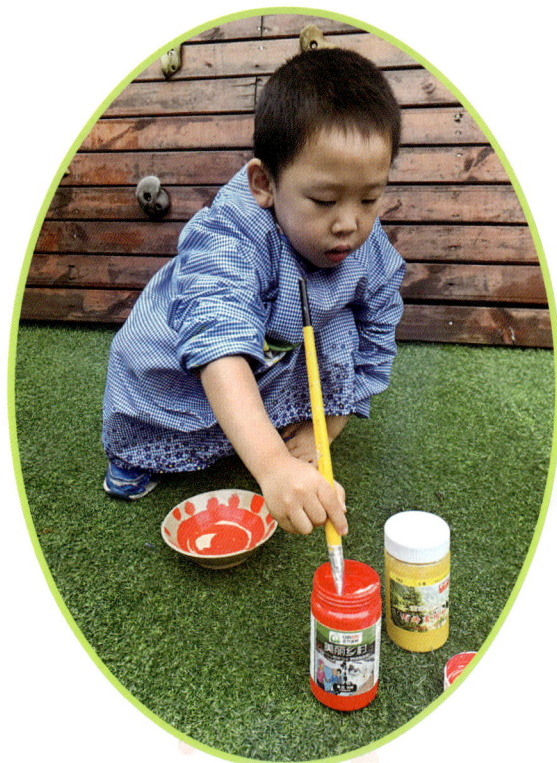

活动评价与反思：

民间艺术是我国传统文化的典型代表，是我国历史文化的重要组成部分。蕴藏在民间工艺中的宝贵精华和它传达的优秀精神非常适合融入幼儿教育之中。幼儿教育融入民间艺术是为了让原有的课程内容以另一种异于传统课程的形式呈现在教育活动中，而不是生搬硬套、机械式的添加。碗是我国经常使用的餐具之一，带有浓厚的民间特色。本次活动将民间的碗与幼儿园美术教育紧密结合，使幼儿在装饰碗的过程中，一方面感受到了民间传统文化的魅力；另一方面提升了幼儿丰富的想象力和创造力。

活动三　百变的沙子

园所：蓝天齐爱幼儿园　班级：中、大班　实施教师：李菊芳　周梅
指导教师：雷静

活动名称：百变的沙子

活动准备：

1. 物品准备：沙池、耙子、铲子、彩色积木、空心圆形积木、异形积木等各 10 根、不同形状的模具、小水桶、大不锈钢盆、中间镂空的泡沫、装鸡蛋的纸盘、树枝、树叶、蛋糕底盘、硬纸片、飞碟盘、生日纸盘、切蛋糕的塑料刀、废旧的蛋糕盒子、硬纸板、大木板、硬吸管、海洋球、水果玩具、玩具纸币、《玩沙规则》广告牌。

2. 经验准备：幼儿观摩蛋糕制作过程与沙画创作过程。

3. 场地准备：白（干）沙池和黑（湿）沙池。

4. 人员准备：2 位教师，1 位保育员。

所属板块：艺术创意

活动目标：

1. 使幼儿探索沙子的可塑性，感知干沙与湿沙的区别。

2. 使幼儿学会用沙子和建构玩具进行图画创作，提升幼儿的想象力和创造力。

3. 使幼儿发展铲、筛、挖、扔等大肌肉运动能力。

4. 使幼儿体验蛋糕师、服务员、设计师、建筑师等角色的工作职责。

5. 使幼儿感受民间童谣的韵律美，提升语言表达能力。

活动过程

玩法一：小小魔术师

1. 幼儿自主选择沙滩玩具，耙子、铲子、彩色积木、空心圆形积木、异形积木等各 10 根。

2. 幼儿用积木拼出房子的图案并往上面撒沙子。

3. 幼儿用手或者铲子将积木上的沙子推到积木下面，使沙面与积木平行。

4. 幼儿用向上的力将积木轻轻提起。

观察 1：
幼儿 A 在拼图案，幼儿 B 和幼儿 C 主动帮忙拼图案，却破坏了幼儿 A 的想法，由此发生了矛盾。

5. 幼儿彩色的"房子"变成了向下凹进的"沙房子"。

6. 幼儿用积木拼出不同的图案,继续用沙子变出不同的图案。

支持 1:

教师引导幼儿分角色进行游戏,幼儿 A 扮演"设计师",说出自己的设计图案,幼儿 B 和幼儿 C 扮演"建筑师",按照"设计师"的想法来拼图案,如果有新的想法可以大胆向"设计师"提出,协商完成。

观察 2:

幼儿将积木摆在沙池上,当挖到下面的湿沙,往积木上撒时,发现沙子成团撒不开。

支持 2:

教师引导幼儿区分干沙和湿沙,干沙往积木上撒,湿沙可以直接往下压,从而印出图案。

观察 3:

幼儿使用耙子时,将沙子往后扬得很高,撒到其他幼儿的身上了。

支持 3:

教师示范幼儿正确使用耙子和铲子,双手用力往下铲,轻轻往上撬一下,再慢慢抬起沙放在旁边。

玩法二:DIY 蛋糕店

1. 幼儿自主选择沙滩玩具,耙子、铲子、不同形状的模具、小水桶、大不锈钢盆等。

2. 幼儿将大不锈钢盆装满沙子并压紧,反扣

观察 1:

幼儿在游戏中,由于沙子没压紧,反扣过来后,取出盆时,"蛋糕"会倒塌,或倒塌一部分。

支持 1：

教师引导幼儿用力将沙子加水打湿再压紧，以最快的速度将盆扣过来，再用垂直向上的力取出盆。

观察 2：

幼儿试着做双层蛋糕，但沙子总是被压倒，无法承受上面一层的重量而倒塌。

支持 2：

教师给幼儿提供小水桶、不锈钢盆、废旧的蛋糕盒子等来做蛋糕模型，示范制作双层蛋糕，鼓励幼儿探索完成两层蛋糕。

观察 3：

蛋糕做两层对幼儿来说比较简单，没有挑战性，幼儿很快失去了兴趣。

支持 3：

教师引导幼儿做成三层蛋糕或者四层蛋糕，并提供吸管、海洋球、树叶、树枝、水果玩具等，鼓励幼儿将蛋糕装扮得更好看，比比谁的蛋糕更有创意，并为自己的蛋糕命名解说。

观察 1：

有些"服务员"不敢大声叫卖，觉得很不好意思，"顾客"请他介绍蛋糕，幼儿只懂得照实物说，不懂以物代物，想象力不够丰富。

支持 1：

教师请幼儿观看蛋糕制作视频，了解蛋糕的制作方法和原材料，在

过来，取出盆，做单层蛋糕。

3．幼儿将小水桶或其他不同形状的模具装满沙子，反扣在大不锈钢盆上，上面盖满沙子，可做成"双层蛋糕"。

4．幼儿根据自己确定的主题，自主选择，用不同材料如吸管、海洋球、水果玩具、树叶等来装饰蛋糕。

5．幼儿用塑料刀将"蛋糕"切开装盘，和伙伴一起分享"蛋糕"。

玩法三："蛋糕"展销会

1．幼儿自由组合，分成"蛋糕师"和"服务员"两个角色，教师或其他幼儿扮演"顾客"的身份。

2．"蛋糕师"和"服务员"互相合作将自己的蛋糕做好，并有创意地装饰蛋糕。

3．"服务员"大声叫卖，解说蛋糕的主题，是什么口味的，推销自己的蛋糕，以达到吸引顾客前来购买的目的。

4．"顾客"询问蛋糕价钱，一番讨价还价后，

达成共识并付款（玩具纸币）买下蛋糕，请服务员打包以便带走。

5．"服务员"用蛋糕底盘、硬纸片等将蛋糕（沙及整个装饰）铲起，放进蛋糕盒子，打包完成，交给"顾客"。

6．"蛋糕师"和"服务员"互换角色，重新制作和推销蛋糕，教师请幼儿扮演"顾客"买蛋糕，游戏继续。

解说蛋糕命题时就能准确说出水果、巧克力、抹茶等口味的蛋糕。

观察 2：
幼儿将蛋糕进行打包时，会不小心将蛋糕弄塌，或者损坏蛋糕的一部分装饰。

支持 2：
教师启发幼儿先直接将蛋糕模型扣在蛋糕底盘、硬纸板、废旧盒子上，再进行装饰，打包就比较方便，还能像真的蛋糕盒一样打开、合上，体验其中的乐趣。

观察 3：
幼儿对蛋糕的定价完全没有概念，讨价还价时，还价比原价还高。

支持 3：
课外延伸，请家长带幼儿去蛋糕店观察售货员是怎么定价的，一般是按尺寸来定价；到菜市场去观察，还价是应该低于原价，在原价的基础上减少价格。

玩法四：有趣的沙画

1．幼儿自主选择塑料透明盘、飞碟盘、枯树枝、大木板、硬纸板等材料。

2．幼儿将沙撒在塑料盘、飞碟盘、大木板、硬纸板上，用树枝或者手指直接画画，沙的轨迹形成图案或花纹。

3．幼儿将沙合拢，抹平，继续创作其他的花纹、图案等。

4．幼儿为沙画作品命名，向小伙伴讲解自己的创作意图，并合影留念。

观察 1：
幼儿将塑料盘上装了过多的沙子，再用手去画画，沙子很多都掉回到沙池里了。

支持 1：
教师提供更大的木板、蛋糕底盘等，供幼儿自由发挥。

观察 2：
幼儿想要看看透明板下面的图案，结果透明板倾斜了，把沙子全都倒回沙池了。

支持2：

教师引导幼儿互相合作，观察下面的图案，互相交换角色。

观察3：

幼儿画作比较简单，全都是用沙子铺满板子，用手指或者树枝去画线条。

支持3：

教师请幼儿欣赏沙画制作视频，了解沙画的制作过程，再进行模仿学习，进行完整的、简单的画面创作，并讲解自己创作的主题和背景。

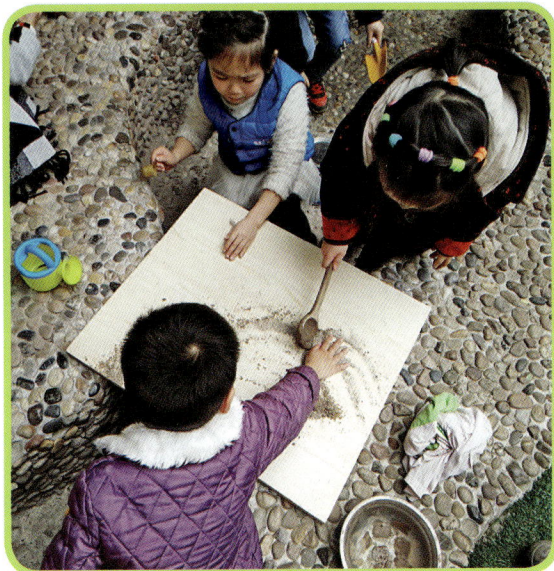

观察1：

幼儿力度太大，将对方扯到摔跤，将衣裤上沾满很多沙子。

支持1：

教师对幼儿的力度做要求，轻轻地拉，轻轻地扯，并且调整站姿，一只脚在前，一只脚在后。

观察2：

幼儿口念童谣，还没到"翻过来"时，其中一个幼儿就开始翻，沙子还没漏完就翻过去，造成了扬沙。

支持2：

教师引领幼儿熟悉童谣的内容，和伙伴商量找到节奏，在"翻"字时才翻过来，达到合作默契，感受民间童谣的韵律美。

玩法五：筛米糠

1. 幼儿自由找到合作伙伴，2人或者3人一组，两人双手拿着镂空的废旧泡沫或者加工过的鸡蛋纸盘，另一个幼儿往里面倒沙子。

2. 你扯过来，我扯过去，口里有节奏地念童谣："筛米筛，筛麻筛，一个簸箕翻过来"。

3. 幼儿念到"翻过来"时，将手里的中间镂空的泡沫或者鸡蛋纸盘翻个面。

4. 幼儿继续往泡沫和纸盘里倒沙子，有节奏地念童谣，重复两次，换人继续玩游戏。

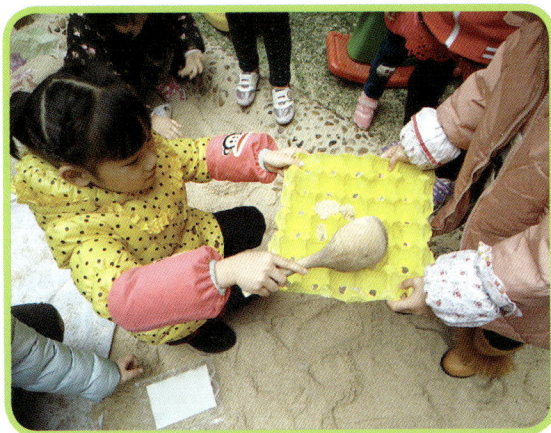

活动评价与反思：

沙子是日常生活中常见的自然材料，它纯净无污染，流沙又随物赋型，千变万化，玩沙自然也成了幼儿喜欢的一项活动。当如面粉般细腻、润滑的沙子从幼儿指尖滑过时，它带给幼儿的不仅仅是快乐，还有因好奇产生的创造欲望和审美情趣。因此，将幼儿玩沙与幼儿艺术教育有效整合是幼儿园开展艺术教育活动的重要途径之一。本次活动通过"小小魔术师""DIY 蛋糕店""'蛋糕'展销会""有趣的沙画""筛米糠"等一系列游戏活动，不仅发展了幼儿的铲、筛、挖、扔等大肌肉运动能力，而且提升了幼儿丰富的艺术想象力和创造力。

活动四　泥土和石头的约会

园所：大渡口幼儿园　班级：小、中班　实施教师：杨海霞、刘婷
指导教师：范晓丽

活动名称：泥土和石头的约会

活动准备：

1. 物品准备：泥土、鹅卵石、水、小水桶、不锈钢盘、锅、硬币、贝壳、枯树枝、玩具杯子、纸盘、各种形状的模具、彩色吸管、眼睛、彩色扣子、颜料、排笔、罩衣、造型图卡、树叶、树枝、花、玩具钱、塑料杯、碟子、勺子、碗、擀面杖、小围裙、清洁布。

2. 经验准备：教师引导幼儿观摩泥土造型以及汤圆、面条、甜甜圈、汉堡包、冰淇淋的制作过程。

3. 场地准备：户外宽阔的场地。

4. 人员准备：2 位教师，1 位保育员。

所属板块：艺术创意

活动目标：

1. 让幼儿感知泥土的可塑性。

2. 让幼儿能够用搓、揉、捏、压、团等动作对泥土进行简单的造型。

3. 让幼儿能够根据图卡或已有的生活经验用鹅卵石进行围合造型。

4. 让幼儿明确服务员、顾客角色任务，体验不同角色的乐趣。

活动过程

玩法一：工具印泥

1. 幼儿自主选择不同形状的模具、不锈钢盆、硬币、贝壳、枯树枝、玩具杯子、不同形状的积木。

2. 幼儿将选择好的模具压进泥土里。

3. 幼儿轻轻地将模具从泥土里面取出来。

4. 幼儿继续选择不锈钢盆、硬币、贝壳、枯树枝、玩具杯子、不同形状的积木，进行泥土造型。

观察 1：
幼儿在用硬币、贝壳等工具印泥时，因力度太大，将硬币、贝壳全部压进泥土里，取出来时破坏了泥土上已经印好的花纹。

支持 1：

教师引导幼儿用适当的力度将模具压进泥土里，用向上的力直直地、轻轻地取出模具。

观察 2：

用工具在泥土上印花纹对于幼儿来说太简单，没有什么挑战，幼儿玩了一会儿便失去了兴趣。

支持 2：

教师提供更多的材料如彩色吸管、眼睛、彩色扣子、枯树叶、小石头、掉落的小花等，支持幼儿创造性的泥土印画及泥土造型的活动。

玩法二：泥土大变身

1．幼儿取适量的泥土放进不锈钢盆中。

观察 1：

幼儿在掰开与颜料混合好的泥团时，发现只有泥团外面裹着颜色，泥团里面没有染上颜色。

支持 1：

教师引导幼儿探索颜料与泥土混合不均匀的原因，让幼儿自己尝试将稀释好的颜料与泥土充分揉在一起。

观察 2：

幼儿在制作汤圆、面条、甜甜圈、汉堡包以及冰淇淋等食物时各做各的，全程无合作交流。

支持 2：

教师以顾客的身份参与其中，利用引导性的游戏语言，鼓励幼儿参与到买卖食物的游戏中，促进幼儿之间的合作与交流。

观察 1：

"服务员"和"顾客"不清楚自己的角色任务以及角色语言，导致游戏没有玩起来。

支持 1：

教师引导"服务员"大胆介绍小吃的种类、口味以及价格，引导"顾客"大胆选择自己喜欢的小吃并与"服务员"讨价还价。

观察 2：

"服务员"对小吃的价格随意定价，引起"顾客"不满。

支持 2：

教师引导"服务员"对每种小吃进行命名和标价，并与老师一起制作小吃店菜单。

观察 1：

幼儿在给鹅卵石上色时，发现鹅卵石上的颜料涂抹不均匀，有的地方厚，有的地方薄。

支持 1：

教师引导幼儿在用排笔蘸取颜料后，轻轻地在颜料瓶口刮一刮，然后在鹅卵石上进行彩绘。

2. 幼儿选择喜欢的颜料与泥土混合。

3. 幼儿用搓、揉、捏、压、团等动作对混合好的泥土进行简单的造型，做出彩色的汤圆、面条、甜甜圈、汉堡包、冰淇淋等食物。

4. 幼儿将做好的汤圆、面条、甜甜圈、汉堡包、冰淇淋等食物盛入纸盘中。

5. 幼儿分享美味的食物。

玩法三：小吃 DIY

1. 幼儿自由组合，分成"服务员"和"顾客"两个角色。

2. "服务员"将做好的彩色的汤圆、面条、甜甜圈、汉堡包、冰淇淋等食物摆放在"小吧台"上。

3. "顾客"拿着玩具钱选择喜爱的小吃进行购买。

4. "服务员"将选择好的小吃为"顾客"进行打包并递给他。

玩法四：鹅卵石彩绘

1. 幼儿自主选择不同形状的鹅卵石和喜爱的颜料。

2. 幼儿用排笔蘸取颜料在鹅卵石上进行彩绘（小班孩子进行简单涂色，中班孩子可以自主绘画）。

3. 幼儿将彩绘好的鹅卵石进行晾晒，组合成不同造型。

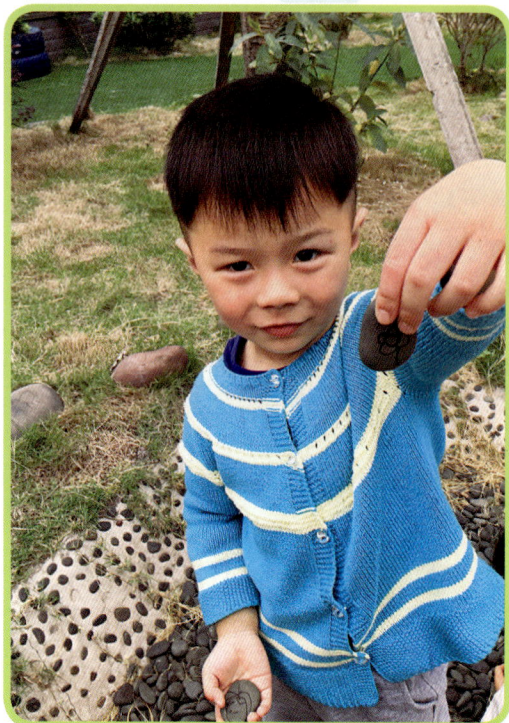

观察2：
幼儿将彩绘好的鹅卵石放在一起后，发现鹅卵石上的颜料混合在一起。

支持2：
教师引导幼儿在放置彩绘好的鹅卵石时，要间隔一定的距离。

观察3：
幼儿在鹅卵石上涂好底色后，在底色上面进行创作时，发现颜料混合。

支持3：
教师引导幼儿在底色晒干之后，再进行创作。

玩法五：鹅卵石造型

1. 幼儿自主选择喜欢的图卡。
2. 幼儿沿着图卡上的线，一个一个摆放鹅卵石。
3. 幼儿用鹅卵石将图卡上的线摆满，形成造型。
4. 两人一组，一名幼儿躺在地上摆出不同的动作，另一名幼儿沿着地上幼儿身体边缘摆放鹅卵石，形成图案。
5. 幼儿利用花朵、小草、枯树枝、树叶给图案进行装饰。

观察 1：

在进行鹅卵石造型时，摆放鹅卵石的幼儿不能完全按照地上造型幼儿的身体边缘摆放鹅卵石，导致最后作品呈现部分身体（手、脚、头）轮廓不明显。

支持 1：

教师示范讲解将鹅卵石摆放在身体边缘的办法，不能将鹅卵石放在身体下面以及远离身体。

观察 2：

造型完成后，幼儿在用小花、小草、枯树枝、树叶为造型进行装饰时，不知在身体什么部位进行装饰。

支持 2：

教师引导幼儿观察生活中的人身体上的装饰，明确装饰的重点部分分别在头、手、衣服上。

活动评价与反思：

　　幼儿园课程应通过具有趣味性的艺术活动和游戏活动展开，使幼儿在学习活动中发现体验生活的美、自然的美。而艺术源自人类生活的点滴，因此艺术教育不可能完全脱离现实生活。生活化艺术教育是指将艺术与生活紧密联系的教育模式，将其融入幼儿园课程中，有利于增强幼儿对新事物的学习兴趣，丰富、充实幼儿的园内生活，使其心情愉悦、快乐地学习和成长。泥土和石头是幼儿园中最常见也是最受幼儿喜欢的一类非固着性玩具材料，该活动创造性地将泥土和石头结合在一起，通过"工具印泥""泥土大变身""小吃 DIY""鹅卵石彩绘""鹅卵石造型"等丰富多彩的活动，发展了幼儿的想象力和创造力，有效提升了幼儿欣赏美、创造美的能力。

活动五　有趣的影子

园所：大渡口幼儿园　班级：中、大班　实施教师：谢戌红、余艾窈

指导教师：范晓丽

活动名称： 有趣的影子

活动准备：

1. 物品准备：各色水粉颜料（红、黄、蓝、绿、粉、黑、白）、大小排笔四套、彩色粉笔 2 盒、小木棍四根、彩色玻璃纸（正方形、长方形、三角形、圆形、菱形）、玻璃板 3 块、胶棒 12 支、音乐播放器、雪糕棍、双面胶、剪刀 12 把、积木、鹅卵石、树叶。

2. 经验准备：幼儿有拍照、绘画、涂鸦和故事表演经验。

3. 场地准备：阳光充足的沙池、水泥地、草坪、小花园。

4. 人员准备：2 位教师，1 位保育员。

所属板块： 艺术创意课程

活动目标：

1. 使幼儿能够用木棒、油画棒、积木等多种材料在沙地、水泥地和草地上"画"出同伴影子的轮廓。

2. 使幼儿能根据画出的影子轮廓，运用水彩笔、油画棒等美术材料或寻找户外的自然材料（如树叶、鹅卵石等）装饰影子，表达影子的心情和状态。

3. 使幼儿通过摆放不同形状的彩色玻璃纸，借助玻璃板，初步感受光的神奇，欣赏在光的反射下的美丽成像。

4. 使幼儿能够运用树叶等自然材料制作绘本故事角色，并借助阳光合作完成绘本故事表演，感受传统皮影艺术对光影的应用。

5. 使幼儿能够大胆地感受、欣赏和表现美，喜欢合作游戏。

活动过程

玩法一：我给影子"拍"写真

情境一（地点为操场）：

1. 教师引导幼儿观察操场上光的变化，发现影子的存在。

> **观察 1：** "造型师"在摆造型时，有跟风现象，大家最初都摆一样的动作。

2. 确定角色：教师将幼儿分成两人一组。一组内，一人为"观察员"，另一人为"造型师"。

3. "造型师"自己摆造型，摆出跳跃、拍球等动作，"观察员"认真观察，并在不停变化动作中感知影子的样子会随着造型不同而变化，影子会随着太阳光的强弱而变化。

4. "造型师"选择一个自己最喜欢的造型定住，"观察员"兼职小画家，用油画棒画下"造型师"的影子轮廓。

5. "造型师"与"观察员"互换角色，新的"造型师"可设计与地上的影子轮廓进行互动的动作，如握手、拥抱等，新的"观察员"用油画棒作画。

情境二（地点为水泥地）：
前5步玩法与情景一相似，最后一步是两人合作用水粉颜料将两个影子填充满。

玩法二：沙地影子脸谱

1. 3个幼儿一组，寻找一块沙地进行活动。

2. 一名幼儿摆出一个造型，另外两名幼儿用小木棍沿着影子边缘划动，将造型在沙地上留下来。

3. 3个幼儿一起寻找树叶、鹅卵石等自然物，拼出影子画的眼睛、鼻子和嘴巴（例如用树叶做眼睛，鹅卵石做嘴巴）。

4. 完成一个作品后可以继续进行创作。

支持1：教师鼓励幼儿创造更多的造型，比如老师先让幼儿试着摆几个动作。第一个动作"跑"，第二个动作"蹲"，第三个动作"叉腰"，第四个动作"踢球"，然后"跳舞"……动作描述越来越抽象，幼儿也更加能放得开。

观察2：互换角色后，部分新的"造型师"未理解"和影子互动"的玩法。

支持2：教师为幼儿做示范，如站着拥抱刚刚已经画好轮廓的影子，并让新的"造型师"注意自己的影子，不断调整姿势和角度，完成拥抱这个动作。

观察3：在水泥地，为影子涂颜料时，幼儿A和幼儿B涂了一会儿就问："老师，我可以涂满色之后，再画其他花纹吗？"

支持3：教师引领幼儿丰富对影子涂色的玩法，在涂色后，仍可以作其他装饰。

观察1：幼儿A看到沙地后，就迫不及待地用手画影子，可是试了几次，手画的影子轮廓都不明显。

支持1：教师向幼儿提供小木棒等工具。

观察2：当教师提问："影子有没有心情？怎样表达影子的心情时"，幼儿A立刻用小木棒为影子画上了眼睛、嘴巴等。继续追问后，幼儿未回答。

支持 2： 除了直接画的方法，还可以用拼贴的方法，可寻找沙地旁边的植物。

观察 3： 幼儿在找寻树叶、鹅卵石等自然物后，在摆拼眼睛、鼻子和嘴巴时，意见不统一。

支持 3： 教师与幼儿一起讨论如何统一意见，比如请用石头剪刀布的方式解决，先试试赢了的幼儿的方案。然后再继续游戏，轮流为影子拼出脸谱。

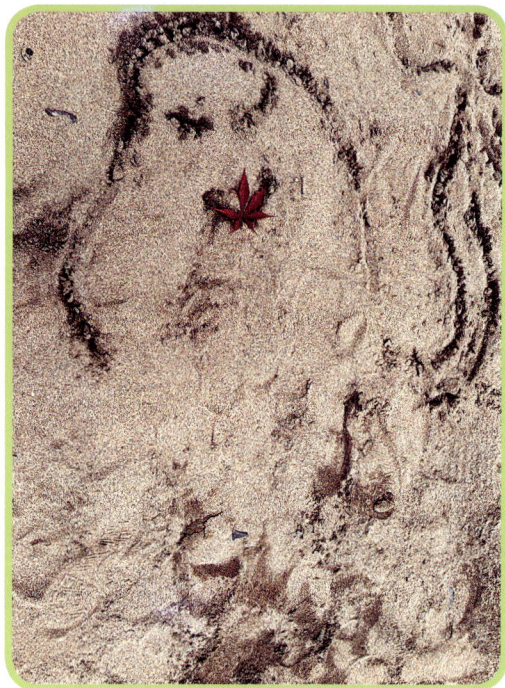

玩法三：捕捉光的色彩

1. 教师将幼儿分为 4 人一组，商量拼图主题，如城堡、花朵、小鱼、娃娃等。

2. 根据主题，将彩色玻璃纸剪成所需的各种形状（正方形、长方形、三角形、菱形、圆形等）。

情景一（天气晴，有阳光）：

1. 幼儿将不同形状的玻璃纸粘贴到透明的玻璃板上拼造型。

2. 两人将玻璃板立起来，其余两人欣赏阳光下映出的彩色造型。

观察 1： 分组后，幼儿围坐在玻璃板周围，在玻璃板上摆放各种图形时，想拼出一个大城堡。幼儿都以自己的那边为底部，城堡顶部都对准了中心点。

支持 1： 教师向幼儿提问："怎样才能拼出一个大城堡，是你们一人从不同方向各自拼一个，还是

情景二（天气阴，无阳光）：

1. 幼儿将不同形状的玻璃纸拼搭在干燥的地上。

2. 两人将玻璃板立起来，另外两人在拼搭造型这一边观察玻璃板上是否呈现彩色图案。若未呈现，请将玻璃板换角度、换方向立起来，不断调整，直至呈现彩色图案（未拼搭图形的那一边，保证为浅色背景）。

玩法四：积木拼搭影子

1. 自由分组，4 人一组，确定角色，其中一人变身"模特"，另外三人变身"设计师"。

2. "设计师"们商量，让"模特"做指定动作，如做"请"的动作。

3. "设计师"观察"模特"的影子，选择可以装饰影子，呈现影子身体部位的不同形状和颜色的积木。

4. 一名或两名"设计师"和"模特"互换身份，完成新一轮的拼搭。

先商量，选择同一条线，让城堡长高高？"

观察 2： 幼儿 B 在挑选彩色玻璃纸时，一直找来找去，半分钟后，仍然没有选择出一张合心意的材料。"老师，怎么没有桃心状和星星状的图案？"

支持 2： 教师提供给幼儿剪刀和若干玻璃纸，让幼儿自主剪图案。

观察 3： 在情景二中幼儿 C 和幼儿 D 合作将玻璃板立起来时，幼儿 A 和幼儿 B 未观察到城堡在玻璃板上的成像，就着急起来："怎么没有神奇的事情发生呢？"

支持 3： "玻璃板也需要旅游啊。请你们把玻璃板沿着顺时针方向慢慢旋转一圈，在旋转过程中请大家仔细观察！"

玩法五：树叶皮影《彩虹色的花》

1. 一名幼儿自荐担任"皮影导演"，其余幼儿作为"演员"自主选择故事中的角色形象（彩虹色的花、太阳、蚂蚁、老鼠、蜥蜴、小鸟、刺猬、花瓣）。

2. 幼儿独自或结伴在花园寻找大小不一、形状不同的叶子和掉落的花朵。

3. 幼儿利用水彩笔、剪刀、双面胶和找到的树叶进行角色制作。

4. "皮影导演"播放故事音频《彩虹色的花》，其余幼儿熟悉故事情节和角色语言，并确定角色出场顺序。

5. 幼儿合作完成皮影表演。音乐开始前，"彩虹色的花"登场。"导演"播放音乐，"演员们"相继进行表演，用抖动或变换角色位置的方式增加故事的生动性。例如：故事说道"这些日子，每天的阳光都很强烈，好像有谁从花儿的身边走过"，这时幼儿操作小老鼠（影子）出场，从花朵旁边移动过去。扮演花朵的幼儿跟着故事"你好，我是彩虹色的花，你是谁呀？"抖动花朵。当音乐说道"那我的花瓣不是正好吗？"的时候，扮演花朵的幼儿就取下一片叶子。然后拿尾巴上做了装饰的老鼠的幼儿就让影子从左到右出场再退场。

6. 完成表演后可以交换角色再次游戏。

观察：

幼儿 A 在制作"彩虹色的花"时，首先选择了软软的但是比较大的桑树叶子作为花瓣。花朵制作完成后放到太阳底下发现花朵的轮廓不够明显。为了解决这个问题，他首先选择了用剪刀对花瓣进行修饰，但发现软软的桑叶并不好剪，由于太用力，其中一片花瓣的叶子被剪刀夹住撕坏了。他有些懊恼。

支持：

教师询问情况后给出建议：你可以看看其他小朋友是怎么制作他们的角色的？他们用的什么材料？他们有没有遇到这样的问题？

活动评价与反思：

　　光和影与幼儿生活息息相关，幼儿对光影充满好奇，"有趣的光影"主题区域游戏旨在将光影的应用与幼儿日常游戏相结合，使他们已有的绘画、粘贴、拼搭等经验技能和神奇的光影碰撞出火花，在促进幼儿感受美、欣赏美和表现美的艺术水平提升的同时促进中大班幼儿团队分工协作等社会交往能力的提升。该活动体现了中大班幼儿思维能力、动手能力和解决问题能力的良好发展，并让幼儿在愉快的活动中感受到了光影艺术的魅力，并加深了对中国传统艺术"皮影"的了解与喜爱。

活动六　花园的艺术——植物系列

园所：大渡口幼儿园　班级：中、大班　实施教师：邓芳彩、岳安琪

指导教师：范晓丽

活动名称： 花园的艺术——植物系列

活动准备：

1. 物品准备：镂空图片、彩色胶片、放大镜、写生画板、勾线笔、画纸、细绳、双面胶、各色粉笔、幼儿剪刀。

2. 经验准备：幼儿有做植物拼贴画的经验、户外写生的经验、与同伴合作经验。

3. 场地准备：户外大花园。

4. 人员准备：2位教师，1位保育员。

所属板块： 艺术创意课程

活动目标：

1. 培养幼儿观察大自然中不同的植物，了解各种不同植物的外形特点。

2. 培养幼儿尝试用各种植物和材料进行创作，提升想象力和创造力。

3. 培养幼儿喜欢植物画系列活动并能大胆表现，感受在户外环境中创造艺术的乐趣。

活动过程

玩法一：大自然摄像师

1. 教师带领幼儿观察大自然中美丽的风景。

2. 幼儿自主选择任意一种物品：镂空图片、彩色胶片、放大镜。

3. 幼儿将所选的物品轻轻放置在美丽的风景旁边或者上方，慢慢移动并观察，透过这些物品会发现不一样的风景。

观察：

在用镂空图片对大自然的风景进行捕捉时，有些幼儿太激动，不小心把镂空图片撕了小口。

支持：

教师安抚幼儿情绪，和幼儿一起用透明胶修复镂空图片。

玩法二：植物贴画

1. 教师带领幼儿观察户外大花园中各种各样的植物，和老师同伴交流不同植物的特征。

2. 幼儿自由寻找并收集自己想要的任何一种植物。

3. 幼儿将自己收集到的植物在事先准备好的 A4 纸上进行创意摆放。

4. 幼儿撕下相应长度的双面胶，轻轻贴在植物的背面。

5. 幼儿发挥想象力，自由创造各种造型独特的植物贴画。

观察 1：

幼儿在使用双面胶进行植物粘贴的时候容易将双面胶贴在植物的正面，以至于贴在纸上时总是背面朝上。

支持 1：

教师引导幼儿观察植物的正面和背面的特点。

观察 2：

幼儿撕双面胶时，总是撕不下来或者将植物一起撕烂。

支持 2：

教师指导幼儿正确使用双面胶，贴双面胶时手指用力按压并抚平，撕掉双面胶上面一层时用指甲轻轻地扣一扣。

玩法三：大自然的面孔

1. 教师带领幼儿到户外大花园中观察并收集各种各样的植物。

2. 幼儿将各种植物堆积在一起，创意摆放成各种有趣的面部造型。

观察 1：

幼儿 A 在创意摆放，幼儿 B 和幼儿 C 主动帮忙摆放，却破坏了幼儿 A 的想法，由此发生了矛盾。

支持 1：

教师引导幼儿 B 和幼儿 C 先认真观察幼儿 A 的创意摆放，安静倾听幼儿 A 的想法，然后再提出自己的意见。

观察 2：

幼儿在摆放造型时发现自己收集的材料长短、形状、颜色等与自己的想法不符合，不能很好地完成自己的作品。

支持 2：

教师引导幼儿重新寻找更合适的材料代替，或者使用剪刀、颜料等工具加工创造，也可以向其他同伴寻求帮助，与同伴交换各自需要并且合适的材料。

玩法四：奇装异服秀

1. 教师带领幼儿观察并搜寻各种各样的植物。

2. 幼儿将所选植物进行创意拼接、穿搭，制作成各种造型独特的服装。

3. 将制作完成的服装穿戴在小朋友的身上，进行 T 台秀，展示大自然的美丽和孩子们的创造力。

观察 1：

幼儿收集到材料后，不知道如何将这些材料变成造型独特的服饰。

支持 1：

教师引导幼儿观察自己和同伴衣服的长短、颜色、形状、花纹等特点，并一起探讨。

观察2：

幼儿在制作过程中发现材料无法按照自己的想法拼搭在一起。

支持2：

教师引导幼儿使用绳子、剪刀、透明胶、双面胶等工具，使用粘贴、串、绑、打结等技能将材料创意编织拼搭。

玩法五：小小毕加索

1. 幼儿仔细观察大花园风景，并找到自己适合创作的地方。
2. 幼儿拿上画板、画纸、画笔进行写生创作。

观察1：

幼儿在写生时不知道画什么，也不知道怎么画。

支持1：

教师引导幼儿先欣赏周边风景，并选取自己最喜欢的一处，然后再仔细观察所选风景的特点，如形状、大小、颜色等特点。

观察2：

某幼儿在写生过程中，看见其他幼儿画的花朵特别好看，该幼儿就马上跟老师要换成画花朵。

支持2：

教师先肯定该幼儿的作品同样好看，并鼓励他继续完成，待本作品完成后再选择画花朵。

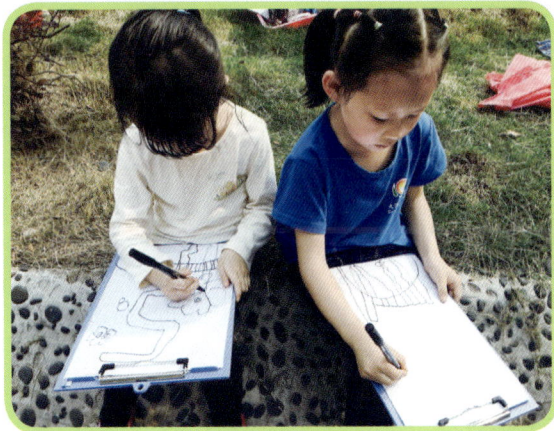

活动评价与反思：

　　幼儿美术教育是幼儿全面发展的教育手段之一，其主要任务是：初步培养幼儿对大自然、社会生活的欣赏力和表现力，逐步培养幼儿对美术的兴趣爱好，发展其观察力、记忆力、想象力和形象思维能力。《幼儿园教育指导纲要（试行）》（以下简称《纲要》）中指出，教师要利用自然环境中的教育资源，拓展幼儿的生活和学习空间。引导幼儿接触周围环境和生活中美好的人、事、物，丰富他们的感性经验和审美情趣，激发他们表现美、创造美的情趣。大自然是幼儿美术活动的最好课堂，欣赏大自然的景物为幼儿开启了想象的大门。该活动充分体现了《纲要》的精神，通过"大自然摄像师""植物贴画""大自然的面孔""奇装异服秀""小小毕加索"等丰富多彩的艺术活动让幼儿走向生活，走进大自然，从平凡的生活中寻找美，发现美，为从幼儿感性的生活经验形成表象和意象打下了基础。

活动七 彩 蛋

园所：清华教鸿幼儿园　班级：中班　实施教师：朱启玲　指导教师：李丹

活动名称：彩蛋

活动准备：

1. 物品准备：水枪、颜料、卡纸、彩纸、水、各种图形模具。
2. 经验准备：幼儿有玩水枪的经验，对喷画有了解。
3. 场地准备：户外活动场地，涂鸦墙。
4. 人员准备：2位教师，1位保育员。

所属板块：艺术创意课程

活动目标：

1. 让幼儿通过水枪喷画，感知多种多样的绘画形式。
2. 让幼儿观察水从纸上滑落下来的痕迹，学习通过喷射方向进行创作。
3. 让幼儿体验绘画的乐趣，尝试和同伴一起作画。

活动过程

玩法一：水枪涂鸦

1. 教师出示水枪让小朋友们自由玩耍。

观察：有些幼儿用水枪画了一朵花。怎么做到的呢？

支持：教师鼓励幼儿通过移动水枪的喷射方式和喷射时间创作不同的画，并能分享自己的创作方法。

2. 幼儿在水枪里注入水和颜料。

3. 幼儿将水喷在固定好的画板上。

4. 将画板晒干。

玩法二：粉笔水印

1. 幼儿在水枪里面注入水喷射在地上。

2. 幼儿用粉笔画出水印。

3. 晒干水印。

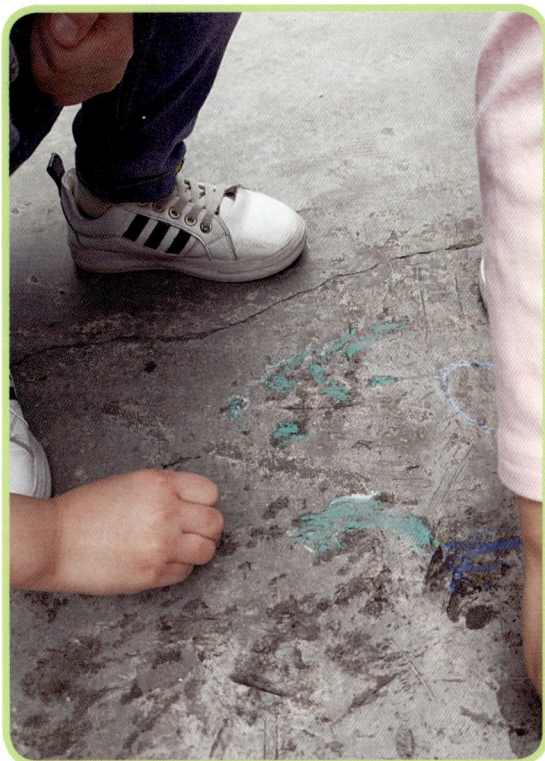

玩法三：图形变变变

1. 幼儿在水枪里注入颜料和水。

2. 幼儿用模具在纸上摆放好自己需要的图形。

3. 幼儿把水枪喷在画纸上。

4. 幼儿将画纸晒干，把模具取下。

观察：幼儿发现水珠留下的印记有深有浅。

支持：教师引导幼儿把颜料涂在画纸上，用水枪进行喷射，利用水稀释颜料进行创作。

玩法四：彩纸变变变

1. 幼儿把彩纸剪成不同的形状拼贴在画纸上。

2. 幼儿将水枪注水，喷在画纸上。

3. 幼儿将彩纸拿下，把画纸晒干。

活动评价与反思：

　　水枪一直是幼儿最喜欢的玩具之一，在孩子玩水的过程中，锻炼了跑、躲、手眼协调、交往合作的技能。户外玩水可以将健康领域、社会领域等内容有效整合，同样也可以在幼儿玩水枪的过程中融入艺术元素。该活动将幼儿玩水与艺术领域有效地碰撞和融合，通过"水枪涂鸦""粉笔水印""图形变变变""彩纸变变变"等多种多样、创意十足的艺术活动，让幼儿使用水枪喷画，鼓励幼儿学会使用不同的工具进行绘画，使中班的幼儿感受到生活中处处有艺术。只要有创意，艺术也可以很简单、很好玩。

活动八 玩色游戏

园所：大渡口幼儿园 班级：大班 实施教师：李德红、杨康梅
指导教师：范晓丽

活动名称：玩色对对碰

活动准备：

1. 物品准备：白纸（全开、长条形）、各色丙烯、水粉颜料、透明喷壶、有孔塑料瓶（瓶盖、瓶身打孔）、树枝、排笔、刷子、清洁布、旧报纸、轮胎、盆子、水。

2. 经验准备：幼儿有使用过喷壶、水枪的经验，有水粉绘画的基础。

3. 场地准备：玻璃墙、黑板墙、夹画绳（在两根树干之间绑一根麻绳，夹若干夹子）。

4. 人员准备：2 位教师，1 位保育员。

所属板块：艺术创意课程

活动目标：

1. 让幼儿了解玻璃墙涂鸦、波洛克喷洒画、印画游戏的特点，感知不同的表现方法会产生不同的艺术效果。

2. 让幼儿尝试用喷壶、水枪、轮胎、树枝等材料进行创意作画，提升想象力和创造力。

3. 让幼儿在游戏中探索不同材料的使用方法，感受在户外环境中艺术创意的乐趣。

活动过程

玩法一：波洛克喷洒

1. 幼儿自主选择装有不同颜色的喷壶、水枪、排笔、穿孔塑料瓶等工具。

2. 幼儿用压、挤、甩、按的方法将颜料自由喷洒在画纸上。

3. 幼儿轻轻提起画纸，夹在树上的夹子上。

4. 幼儿为作品命名，向小伙伴介绍自己的作品，合影留念。

观察 1：
幼儿在使用喷水壶和塑料瓶喷画时，发现颜料总是堆积在一个地方。

支持 1：
教师引导幼儿将喷水壶和塑料瓶与画纸拉开一定的距离，使用时保持平衡状态。

观察2：

幼儿发现自己绘画的图案小而复杂，不便于使用喷壶、塑料瓶、排笔喷洒上色。

支持2：

教师引导幼儿绘画线条简单、画面留白空间大的图案。

玩法二：彩虹瀑布

1. 教师将幼儿分为3人一组，幼儿自主选择喜欢的颜色，用排笔或刷子蘸取颜色堆积在玻璃墙或黑板墙上，成一条直线。

2. 幼儿沿玻璃墙或黑板墙顶部边沿，从上往下冲水，形成彩虹瀑布。

观察1：

幼儿用水壶从上往下冲水时发现有的颜料被全部冲掉，有的颜料却堆积在一起，不能与水融合，色水产生的彩虹瀑布颜色很淡。

支持1：

教师引导幼儿观察水量的多少、速度与颜料溶于水的关系，调整水量的大小进行冲刷。

观察 2：

幼儿将冲水工具换成水管直接冲水，加大水量后，出现了大面积的彩虹瀑布，但是效果不好，只是色水的颜色比上一次深一点儿，仍然有颜料堆积在墙上。

支持 2：

教师引导幼儿发现丙烯颜料和水粉颜料的溶水性，重新运用水粉颜料尝试冲出"彩虹瀑布"。

玩法三：我是一个粉刷匠

1. 幼儿共同决定玻璃墙幕的颜色，刷出玻璃墙背景色。

2. 幼儿选择树枝、树叶或小木棍等，在刷满底色的玻璃墙上创意作画：树叶揉印画、树叶粘贴画、自由涂鸦画。

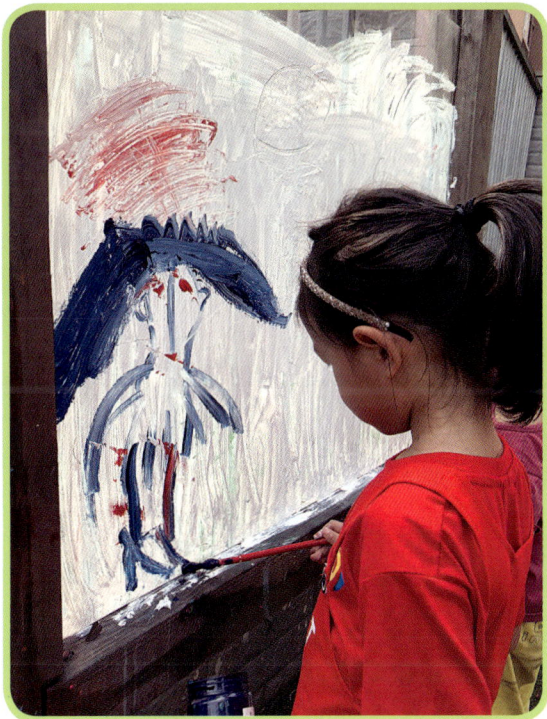

观察：

幼儿在用树叶创作时发现又大又硬的树叶总是会掉下来，没有办法用树叶作画。

支持：

教师鼓励幼儿将大树叶换成小树叶，或者尝试用其他方法让树叶在墙上留下印记作品。

玩法四：小径幽幽

1. 幼儿两人一组合作，将长条大白纸平铺在草地上。

2. 幼儿自主选择不同花纹、大小的轮胎，用大排笔给轮胎涂上颜色。

3. 两人将轮胎从纸的这一端滚向另一端，直线滚、曲线滚、斜线滚，滚出不同"路径"。

4. 幼儿脱下小鞋子，轻轻站在颜料里，用脚蘸取颜料，沿着自己的轮胎印记，一步一步往前走，走出幽幽小径。

5. 幼儿将"幽幽小径"移动到小树林中，合影留念。

观察：

幼儿在滚动轮胎时，会把"路径"踩脏。

支持：

教师引导幼儿思考怎样才能不踩到"路径"，探索实践避开的方法，让幼儿脚上蘸上颜料，一边滚动轮胎、一边沿着轮胎产生的印迹行走，留下串串脚印。

活动评价与反思：

  幼儿生活的世界是五彩斑斓的，就像红黄蓝绿这些颜色一样，鲜艳、美丽的颜色让幼儿喜欢，颜色的变化更让他们惊叹不已。五彩缤纷的颜色能够最直接地刺激幼儿的感官，幼儿的衣食住行都与颜色有着最直接的联系。大班幼儿对于颜色的变化已经有了初步的认识，在平时的活动中发现幼儿对于颜色的变化很感兴趣，他们对颜色特别好奇、喜欢。

  "玩色游戏"通过"波洛克喷洒""彩虹瀑布""我是一个粉刷匠""小径幽幽"等多彩的活动，让幼儿最大限度地接触和创造五彩缤纷的艺术作品。此外，该活动使用的工具都是幼儿生活中常见的物品，如水枪、喷壶、有孔塑料瓶等，使得该活动更能贴近幼儿生活。